"문해력의 격차가 실력이 되는 시대"
초등 문해력을 부탁해

김현정 글 안주연 그림

북스파머

목차

문해력 키우는 동화

1. 여우 나팔 5

[2023년 아르코문학창작기금 발표지원선정작]

2. 황금 여우비 21

[2023년 아르코문학창작기금 발표지원선정작]

3. 생쥐와 구렁이의 지혜 대결 36

4. 숲속 작은 탐험가, 줄베짱이 56

5. 가족의 힘 76

6. 용돈 선생 90

목차

문해력 키우는 동요

1. 가위바위보 109

2. 풀피리 소리 112

3 상상여행 115

4. 숨바꼭질하는 밤 118

5. 지구촌 한가족 121

작가의 말 124

『책』 구성과 활용법 125

1. 여우 나팔

"미우야? 미우야?"

엄마 여우가 애타게 꼬마 여우를 찾았습니다. 덤불 속도 헤집어 보고 낙엽 더미 속도 살펴보았습니다. 그때 엄마 여우 발에 뭔가 '툭' 하고 걸렸습니다. 오래된 나팔이었습니다.

"인간들이 쓰는 물건이잖아!"

엄마 여우는 나팔을 발로 밀치며 중얼거렸습니다. 그

러자 나팔이 떼구루루 굴러 바위에 부딪혔습니다.

"아얏, 미우 죽네!"

엄마 여우는 화들짝 놀라 긴 갈색 꼬리를 쭈뼛 세웠습니다.

펑 하는 소리와 함께 뾰족한 입을 실룩거리며 꼬마 여우 미우가 나타났습니다.

"아니? 이 녀석! 또 사람들 마을에 내려갔구나. 위험하다고 그렇게 말렸건만."

"괜찮아요. 사람들은 절 못 알아봐요. 전 둔갑술에 천재잖아요."

미우가 보란 듯이 다시 나팔로 변했습니다. 그리고 엄마 여우에게 소리쳤습니다.

"엄마 보세요!"

엄마 여우가 귀를 막으며 말했습니다.

"작게 말해도 돼. 귀청 떨어지겠다."

나팔로 변신한 미우가 신이 나서 떠들었습니다.

"진짜 신기하죠. 전 지금 작게 말했거든요. 그런데 제 목소리가 이렇게 커져요."

엄마 여우가 어이가 없다는 듯 피식 웃었어요. 그때였어요. 엄마 여우가 뾰족한 귀를 쫑긋 세우며 주위를 살폈습니다. 처음 들어 보는 동물의 울음소리가 들려왔기 때문이죠.

"맙소사! 이 소린 분명 호랑이 울음소리야. 우리 여우 골에 호랑이가 나타났어!"

엄마 여우의 눈에 깊은 그늘이 졌습니다.

"호랑이는 엄마보다 더 무서워요?"

꼬마 여우 미우가 장난스레 물었습니다.

"미우야, 호랑이는 엄청나게 무섭단다. 혹여 만나면 무조건 도망가야 해!"

엄마 여우는 주위를 살피며 미우에게 힘주어 말했습니다. 하지만 꼬마 여우는 무서운 존재가 꼭 위험한 걸까? 라는 생각을 하며 고개를 갸웃거렸습니다.

그날 이후 여우 골에 사는 동물들은 두려움에 벌벌 떨며 하루하루를 보냈습니다. 결국 우두머리 여우가 보름날 회의를 열었습니다. 동물들이 하나둘씩 회의장으로 모여들었습니다. 미우는 몰래 덤불에 숨어 어른들이 하는 얘기를 엿듣고 있었습니다.

우두머리 여우가 날카로운 눈매를 번득이며 숲속 동물들을 쳐다보며 입을 열었습니다.

"분명히 숲속 동굴에서 나는 소리요. 울음소리로 봐선 새끼 호랑이인 것 같소."

우두머리 여우는 잠시 뜸을 들이다가 다시 말을 이었습니다.

"아직 어미 호랑이를 보진 못했지만, 곧 우리 숲에 나타날 거요!"

그 소리에 회의장이 술렁였습니다. 그러자 숲속 동물들은 엄마 호랑이가 나타나기 전에 새끼 호랑이를 멀리 내쫓아야 한다고 저마다 목소리를 높였습니다. 하지만 어떻게 내쫓아야 할지는 몰랐습니다.

"호랑이보다 무서운 동물로 둔갑해서 내쫓으면 되지. 어른들은 가끔 바보 같다니까!"

덤불에 숨어 어른들의 얘기를 엿듣던 미우가 중얼거렸습니다.

'칫, 어른들은 겁쟁이! 좋아, 숲속 동굴이란 말이지. 지금이 내 둔갑술을 뽐낼 수 있는 절호의 기회야!'

미우는 휘영청 밝은 보름달을 올려다보며 다짐했습니다.

달빛이 은은하게 숲속을 밝히고 있었습니다. 마치 미우에게 길을 알려주는 듯했습니다. 미우는 초롱초롱한 눈망울을 반짝이며 숲속 동굴을 향해 뛰었습니다. 한참을 달려온 미우는 숨을 가다듬으며 컴컴한 동굴 입구 앞에 섰습니다.

'휘잉'하고 동굴 안에서 차가운 바람이 뿜어져 나왔습니다. 미우는 몸을 으스스 떨었습니다. 달님도 구름으로 쏙 들어가 버렸습니다.

미우는 동굴 안으로 천천히 걸음을 내디뎠습니다. 한 발짝 안으로 들어갈 때마다 동굴 속 차가운 공기가 살갗을 쿡쿡 찌르는 것 같았습니다.

'난 무섭지 않아! 몸이 떨리는 것은 동굴 안이 너무 추워서 그런 거야!'

몇 발자국 더 걸음을 옮기던 미우는 얼음처럼 굳어 버렸습니다. 어두컴컴한 동굴 안에서 갑자기 푸른 빛 두 개가 번득였기 때문입니다. 곧이어 포효하는 호랑이의 울음소리가 동굴 안을 가득 메웠습니다.

미우는 너무 놀라 동굴 밖으로 마구 뛰었습니다. 그러자 동굴 속 푸른 눈도 미우를 뒤따라 뛰었습니다. 간신히 동굴 밖으로 나왔지만 그만 풀뿌리에 걸려 넘어졌습니다. 미우가 눈살을 찌푸리며 올려다보니, 달빛 아래 새끼 호랑이가 험악한 표정으로 떡 버티고 섰습니다. 미우는 처음으로 호랑이를 보았습니다. 덜덜 떨리는 몸을 바짝 낮추며 속으로 되뇌었습니다.

'그래, 그래 봐야 쟤도 새끼 호랑이일 뿐이야. 얼른 둔갑해서 저 녀석을 쫓아 버려야지.'

미우는 변신할 준비를 했습니다. 하지만 호랑이보다 더 무서운 동물이 뭔지 생각이 나질 않았습니다. 너무 성급했다는 생각이 들며, 이제 죽었다고 생각하는 순간 머릿속을 '땅' 치는 단어가 생각났습니다.

"그래. 바로 그거야!"

미우는 펑 소리와 함께 어른 호랑이로 변신을 했습니다.

새끼 호랑이는 삼깐 놀란 듯 뒷걸음치더니 이내 웃음보를 터뜨렸습니다.

"야, 너 여우인 거 다 보여! 우헤헤헤."

새끼 호랑이는 몸통을 땅에 떼구루루 구르며 까르륵거렸습니다.

미우는 변신이 잘못됐나 싶어 자신의 몸을 이리저리

살폈습니다. 깔깔대며 웃는 호랑이를 보자 슬슬 짜증이 밀려왔습니다. 무섭다는 생각마저 잊어버릴 만큼이요.

"너! 당장 우리 숲에서 나가!"

미우가 떠듬거리는 목소리로 말했습니다.

"바보! 호랑이는 여우가 둔갑해도 다 알아봐. 날 겁 주려고 해도 소용없어."

새끼 호랑이는 웃음을 멈추고 고양이처럼 생긴 까만 눈동자에 힘을 주었습니다. 몸집은 작아도 확실히 무서운 놈입니다. 하지만 이대로 물러설 순 없었습니다.

"너 때문에 숲속 동물들이 겁에 질려 있어. 모두들 널 찾으러 오는 네 부모님 호랑이가 숲속 동물을 다 잡아먹을 거로 생각하고 있어."

"걱정하지 마. 우리 엄마 아빠는 내가 여기 있는 줄도 몰라. 내가 사는 곳은 여기서 아주 멀어."

새끼 호랑이는 퉁명스럽게 말했습니다. 하지만 왠지 쓸쓸해 보이기도 했습니다.

"너, 집 나온 거야?"

미우가 물었습니다.

새끼 호랑이는 앞발에 고개를 파묻었습니다. 한참을 그러고 있더니, 작은 목소리로 말을 꺼냈습니다.

"난 용감한 호랑이가 되고 싶었어. 용감한 호랑이의 울음소리는 산골짜기에서 쩌렁쩌렁 울려야 해. 그런데 난 목소리가 너무 작아."

"그게 왜?"

"최고의 호랑이는 포효할 때 울음소리가 엄청나게 커야 하거든. 내 목소리는 너무 작아. 단 한 번만이라도 큰 목소리로 으르렁거려 봤으면 좋겠어."

미우는 새끼 호랑이가 불쌍해 보였습니다. 그때 문득 머릿속을 스치고 지나가는 것이 있었습니다.

"목소리만 크면 되는 거야?"

새끼 호랑이는 힘없이 고개를 끄덕였습니다. 그러자 미우가 숨을 크게 한 번 들이쉬고는 펑 소리와 함께 나

1. 여우 나팔 - 13

팔로 변신을 했습니다.

"자, 어서 나를 잡고 크게 한번 소리쳐 봐!"

새끼 호랑이는 갑자기 사라진 미우를 찾아 두리번거렸습니다.

"야, 어딨는 거야?"

"어디긴? 네 발밑을 봐. 나팔꽃처럼 생긴 것 보이지?"

새끼 호랑이는 나팔로 변신한 미우를 내려다보았습니다. 그리고 나팔을 집어 들었습니다. 새끼 호랑이는 잠시 망설였습니다.

"뭐라고 소리치지?"

"뭐든, 좋아. 그냥 지금 생각나는 말을 외쳐 봐!"

미우가 답답하다는 듯 재촉했습니다.

새끼 호랑이는 나팔에 조심스럽게 입을 갖다 댔습니다.

"엄마! 보고 싶어요!"

새끼 호랑이의 작은 목소리가 숲속 깊숙이 퍼져나갔

습니다. 그러자 나뭇가지에 앉아 졸던 새들이 화들짝 놀라 후드득 소리를 내며 하늘로 날아올랐습니다. 새끼 호랑이도 자신의 목소리에 놀라 뒤로 벌렁 나자빠졌습니다. 하지만 이내 미우를 잡고 몇 번이고 반복해서 엄마라고 크게 외쳤습니다.

"기분이 어때?"

다시 여우로 돌아온 미우가 물었습니다.

"최고야! 원래 내 목소리는 가늘고 작았는데, 너를 아니, 나팔을 입에 대고 하니까 몇 곱절 커졌어. 너무 신기해!"

새끼 호랑이는 깡충깡충 뛰며 좋아했습니다.

그때였습니다.

"어휴, 우리 아가! 너 도대체 여기서 뭐 하고 있는 게냐?"

언제 왔는지 엄마 호랑이가 새끼 호랑이에게 다가왔습니다. 새끼 호랑이가 엄마 품에 뛰어들었습니다.

"어떻게 저를 찾으셨어요?"

새끼 호랑이의 목소리에 반가움이 묻어났습니다.

"널 찾아 숲속을 헤매고 있는데, 갑자기 네 목소리가 쩌렁쩌렁하게 들려오는 거야. 그래서 널 금방 찾을 수 있었어."

새끼 호랑이는 다시 가늘고 작은 목소리로 말했습니다.

"엄마 미안해요."

엄마 호랑이는 혀로 새끼 호랑이를 핥으며 괜찮다고 말했습니다.

"그런데 네 목소리가 어떻게 그렇게 커진 거냐?"

새끼 호랑이는 엄마 호랑이의 질문에 싱긋 웃으며 대답했습니다.

"다, 미우 덕분이에요. 미우가 소리를 키워 주는 나팔로 둔갑을 해서 제 소원도 들어주고, 엄마도 찾게 해 주었어요."

새끼 호랑이의 말을 듣고 엄마 호랑이는 미우에게 고맙다는 눈짓을 보냈습니다. 그리고 호랑이 가족은 자신들이 살던 숲으로 돌아갔습니다.

동화 속 사건을 읽고 어울리는 말을 채워 보세요

꼬마 여우는 엄마 여우 몰래 사람들이 사는 ♥♥을 종종 구경하러 갔다.
그러던 어느 날 엄마 앞에서 사람이 사용하는 ♥♥로 둔갑했다.
여우 골에 새끼 ♥♥♥가 나타났다.

여러분이 여우라면 어떤 행동과 말을 할지 상상하여 써 보세요.

꼬마 여우
사람들이 사는 마을이 궁금하다.
무서운 존재가 꼭 위험한 것일까? 라는 의문을 가진다.

엄마 여우
사람들이 사는 마을은 위험하다.
새끼 호랑이가 꼬마 여우에게 위험이 될 거로 생각한다.

독자 생각

꼬마 여우 '미우'의 마음 변화를 찾아 써 보세요.

보기: 용기, 창의력, 두려움

	처음에 미우는 호랑이를 보고 덜덜 떨며 몸을 바짝 낮추는 등 두려움을 느낀다.
	미우가 변신을 준비하면서 자신감을 가지려 결단을 내린다.
	나팔로 변신하여 새끼 호랑이의 문제를 독창적이고 기발한 방식으로 해결하려고 한다.

새끼 호랑이의 마음 변화를 찾아 써 보세요.

보기: 부끄러움, 기쁨, 쓸쓸함

	자신의 부모가 자신이 여기 있는 줄 모른다고 말할 때 왠지 쓸쓸해 보인다.
	용감한 호랑이가 되고 싶었으나 목소리가 작다고 고백할 때, 앞발에 고개를 파묻으며 수줍어한다.
	나팔을 통해 자기 목소리가 크게 울려퍼질 때 놀라고, 이내 커진 목소리에 기뻐한다.

동화 속 주제와 어울리는 관용 표현을 찾아 ◎ 하세요

얼굴에 씌어 있다.	
허리가 끊어지다	
심은 대로 거둔다.	
손때가 맵다.	

동화를 읽고 떠오르는 관용 표현을 써 보세요.

【여우나팔, 수업지도안】

2. 황금 여우비

"오빠 어디 가? 같이 보물찾기로 했잖아!"

미나는 숲 체험장에 도착하자마자 보물찾기 놀이를 입에 달고 있었다.

"너나 찾아! 난 그런 유치한 놀이 관심 없어!"

나는 미나에게 놀리듯 쏘아붙였다.

"엄마한테 다 이를 거야! 오빠 혼자 보물 찾으러 갔다고."

미나는 6살 유치원생이다. 사람들이 미나를 보고 귀한 늦둥이라고 했다. 엄마 아빠도 미나가 원하는 건 뭐든 들어준다. 이곳에 온 이유도 미나에게 숲 체험을 해주기 위해서였다. 그 체험 활동 중 하나가 보물찾기다. 초등학교 5학년에게 보물찾기라니. 정말 말도 안 된다. 보물찾기는 유치원생에게나 어울리는 놀이다.

　'집에 있었더라면 친구들과 온라인 게임이라도 할 수 있었을 텐데. 이번 주말은 망했다!'

　나는 보물찾기가 끝날 때까지 숨어 있을 곳을 찾아 이리저리 둘러보았다.

　멀리 언덕 위에 키 큰 소나무가 보였다. 귀찮은 미나가 따라붙기 전에 냅다 뛰었다. 숨을 고르며 가까이에서 보니 소나무 둥치가 엄청나게 굵고 컸다.

　"그늘에서 한숨 자고 내려가면 되겠다."

　눈을 감았다. 바람이 불어오자 향긋한 소나무 냄새가 났다. 왠지 익숙하게 느껴졌다. 엄마 아빠 말로는 나도 이곳에 몇 번 왔다고 했는데, 기억이 나질 않았다. 소나무 냄새를 맡으며 이런저런 생각에 빠져들다 보니 자꾸만 졸음이 쏟아졌다. 눈앞이 가물가물해질 즈음이었다.

"어흥! 네 이놈! 냉큼 일어나지 못할까!"

난데없는 호통 소리에 졸음이 확 깼다. 눈앞에 호랑이 탈이 보였다.

"뭐야. 장난치지 마!"

아빠가 또 호랑이 탈을 쓰고 나를 놀리는 것으로 생각했다.

"어허! 이놈 봐라! 난 이 숲의 왕, 호랑이다."

호랑이는 다시 한번 사납게 포효했다.

호랑이 울음소리가 숲을 돌아 내 귀에 쩌렁쩌렁 울렸다.

그제야 뭔가 이상한 낌새를 눈치챘다. 슬쩍 눈을 떠서 호랑이를 올려다보았다. 불처럼 타오르는 호랑이의 눈빛을 마주하고 나서야 진짜 호랑이라는 걸 알았다.

"엄마야!"

나는 혼자서 몇 번을 엎치락뒤치락하고서야 겨우 일어섰다. 그리고 도망가려다가 호랑이 발에 걸려 다시 넘어졌다.

"그리 쉽게 도망은 못 가지!"

호랑이가 앞발로 내 등을 꾹 눌렀다. 나는 납작 엎드린 채 벌벌 떨었다.

"살려 주세요."

"이제야, 네가 나를 알아보았구나! 하지만 이미 늦었다. 난 너를 잡아먹을 테다."

"제가 뭘 잘못했다고 처음 본 저를 잡아먹는다고 하세요?"

"어허! 이런 맹꽁이를 봤나! 감히 나의 용상에 떡 하니 누워서 잠을 자고도 잘못한 게 없다고 하느냐?"

용상? 뭐야. 그럼 이 그늘 자리가 숲의 임금, 호랑이가 앉는 자리란 말이야? 어휴, 난 이제 죽었구나 싶었다.

하지만 문득 호랑이굴에 잡혀가도 정신만 차리면 살 수 있다는 말이 떠올랐다. 정신을 집중해서 머리를 팽팽 굴렸다.

"그건 너무 불공평해요! 저는 여기가 호랑이님 자리라는 것도 몰랐단 말이에요."

무서워서 이가 딱딱 부딪쳤다. 그래도 무슨 말이든 해야 했다. 그냥 이대로 호랑이 먹이가 될 수는 없었다.

"몰랐다니, 당치도 않다. 이 나무는 숲에서 가장 큰 나무다. 그리고 나뭇등걸에 난 나의 발톱 자국을 봐라. 이 표식만 봐도 여기가 숲의 왕 호랑이의 용상이라는 건 누구나 알 수 있는 거나."

"전 그런 거 몰랐어요. 여기에 온 것도 오늘이 처음이란 말이에요!"

"흥, 그건 네 사정이고,"

호랑이의 호통에 무서워서 눈물이 주르륵 흘렀다. 그때 지지배배 울던 박새가 포르르 내려앉았다.

"호랑이님! 이 아이를 용서해 주세요. 이 아이는 아무것도 모르고 저지른 행동입니다."

박새가 간곡하게 말하자 호랑이가 못마땅한 듯 콧등을 찌푸렸다.

"모르긴 뭘 몰라! 사람들은 언제나 숲을 혼자 독차지하려고 해. 저 아이처럼요."

갑자기 다람쥐가 나섰다. 다람쥐는 사람들에게 도토리를 빼앗겨서 항상 불만이 많았다. 평소에는 사람이 무서워서 발만 동동 굴렀는데, 오늘은 호랑이가 곁에 있어서 할 말을 다 하고 있었다.

"맞아! 맞아. 겨울만 되면 동면에 들어간 우리 형제들을 납치해 가서 잡아먹어 버려."

이제 막 잠에서 깬 방울뱀도 다람쥐 편에 섰다.

"봤지. 내가 너를 살려 주려고 해도 안 되겠다. 어흥!"

호랑이는 입을 크게 벌리고 나를 집어삼키려고 했다.

"잠시만요! 사람이라고 모두 숲에 해를 끼친 건 아니

에요. 저는 작년에 날개를 다쳐서 둥지도 짓지 못한 채 겨울을 나야 했어요. 그런데 사람이 만들어 준 새집 덕분에 건강도 회복하고 추운 겨울도 잘 지낼 수 있었어요."

박새가 또 나섰다.

"저도 사람들의 도움을 받은 적이 있어요. 몇 년 전에 웅덩이에서 빠져나오지 못하고 굶어 죽게 생겼을 때, 사람들이 저를 구해 주었어요."

노루도 조심스럽게 나섰다.

호랑이는 잠시 눈을 감고 고심하는 듯 보였다. 그러자 동물들이 서로 사기 밀을 하면서 소란을 떨기 시작했다.

그때였다.

"게임을 해서 이기면 살려 주는 거 어때요?"

꼬리 끝이 하얗고 몸은 황금빛인 여우가 나타나서 제안을 했다.

"게임이라고?"

2. 황금 여우비 - 27

"호랑이님이 자신 있는 게임이 있어요?"

황금 여우 말에 호랑이는 잠시 생각에 잠기더니, 이내 눈을 번쩍 뜨고 소리쳤다.

"좋다. 그러면 너, 나랑 장기 한판 뜨자. 네가 이기면 너를 살려 줄 것이다."

나는 속으로 이제 살았다 싶었다. 장기라면 자신 있었다. 아빠가 처음 가르쳐 준 게임인데, 요즘엔 아빠도 이긴다. 이게 다 컴퓨터 게임 덕분이다. 게임으로 장기를 열심히 배운 보람이 여기서 빛을 발할 거라곤 생각 못 했다.

그렇게 호랑이와의 장기 한판이 시작되었다. 노련하게 시작하는 나를 보고 호랑이가 놀람을 감추지 못했다. 다람쥐 얼굴이 점점 울상이 되어 가고 있었다.

"보통이 아닌데. 어린아이가 장기를 왜 이리 잘 두는 거야?"

방울뱀이 갈라진 혀를 날름거리며 중얼거렸다.

"장이요"

나는 힘차게 소리쳤다.

호랑이가 당황해서 긴 꼬리를 한 번 휘둘렀다. 그러자 옆에 있던 방울뱀이 정신이 번쩍 든 목소리로 말했다.

"호랑이님, 저쪽을 막으면 되겠습니다."

방울뱀이 훈수를 두었다.

"옳거니. 그래. 자, 막았다."

"이건 반칙이에요. 옆에서 도와주는 법이 어딨어요?"

나는 울상을 지으며 불평을 했다.

"원래 장기는 옆에서 도와주는 거야. 너도 네 옆에 있는 동물들에게 도와 달라고 하렴!"

나뭇가지에 앉아 지켜보던 다람쥐가 비아냥거렸다.

나는 한숨을 푹 내쉬었다. 다 이겼다 싶은 게임이 흐트러지자, 집중력마저 떨어졌다.

"장이요"

호랑이가 호기롭게 소리쳤다. 수염은 옆으로 쭉 뻗어

있고 입꼬리는 귀밑에 붙었다. 호랑이의 표정만 봐도 내가 졌다는 생각이 들었다.

"어떡하지?"

나는 박새와 노루를 돌아봤다. 박새와 노루는 고개를 설레설레 저었다. 자신들은 장기에 장자도 모른다고 했다. 거의 다 이긴 게임이었는데 뱀이 결정적인 훈수를 두는 바람에 지게 생겼다.

'난 이제 호랑이 밥이 되는 건가' 라는 생각을 하자, 고개가 저절로 툭 떨어졌다. 방울뱀과 다람쥐가 그 모습을 보며 깔깔대며 웃었다.

후두둑 후두둑

갑자기 맑은 하늘에서 빗방울이 떨어지기 시작했다. 분명 숲 주위는 햇살이 환하게 내려앉아 있는데 소나기가 쏟아지기 시작했다. 호랑이가 쏟아지는 빗줄기를 피해 소나무 아래로 피했다. 호랑이는 자신의 털이 물에 젖는 걸 제일 싫어했다.

"지금이야! 어서 뛰어!"

황금 여우가 소리쳤다.

나는 황금 여우와 눈이 마주쳤다. 황금 여우는 눈으로 말하고 있었다. 지금이라고. 지금 도망가야 한다고.

나는 정신없이 가족들이 모여 있는 곳으로 내달렸다.

얼마나 뛰어 내려왔을까? 호텔 입구에 서 있는 미나가 보였다. 장대비처럼 쏟아지던 소낙비도 멈추었다. 나는 그제야 뜀박질을 멈추고 뒤를 돌아보았다. 소나무 아래 언덕에 앉아 있는 황금 여우가 보였다.

"잘 가."

분명히 아주 멀리 떨어져 있는데도, 황금 여우의 목소리가 바로 옆에서 들리는 것 같았다. 호랑이도 이내 모습을 드러냈다. 나는 호랑이를 보고 놀라서 미나와 가족이 있는 곳으로 후다닥 뛰어 내려왔다.

"오빠, 어디 갔다 왔어? 한참 찾았잖아."

미나가 볼멘 목소리로 칭얼댔다.

"어휴, 다 젖었네. 너 여우비 맞았구나!"

엄마가 홀딱 젖은 내 모습을 보고 수건을 가져왔다.

"여우비요?"

나는 속으로 엄마가 뭘 아시나 싶어서 물었다.

"그래. 여우는 자신이 사랑하는 사람이 곤란한 상황에 놓이면, 비를 내려서 도와준다는 말이 있어."

엄마가 수건으로 내 머리를 닦아 주며 말했다. 나는 엄마를 올려다봤다. 혹시 엄마가 소나무 언덕에서 내가 황금 여우를 만난 걸 알고 하는 말일까? 아니면 항상 이야기 지어내기를 좋아하는 엄마가 그냥 한 번 해보는 소리인지 헷갈렸다. 나는 소나무 언덕을 올려다봤다.

하지만 그곳에는 바람에 흔들거리는 풀과 꽃들만 보였다.

동화 속 사건 읽고 어울리는 말을 채워 보세요.

보기: 박새, 잡아먹겠다고, 호랑이, 찬성과 반대, 찬성표

주인공이 숲속의 그늘에서 잠을 자다가 ♥♥♥를 만났다. 호랑이는 자신의 영역을 침범한 아이를 ♥♥♥♥♥ 주장하고, 이를 본 숲속의 다른 동물들이 ♥♥♥ ♥♥를 한다. 다람쥐와 방울뱀이 아이에 대한 호랑이의 결정에 ♥♥♥를 던지고, ♥♥는 반대표를 던지면서, 아이와 호랑이 사이의 긴장감이 높아진다.

누구의 생각인지를 찾아 빈칸을 채워보세요

보기: 다람쥐, 호랑이, 방울뱀

	사람들이 도토리를 마구잡이로 빼앗는 행위 때문에 도토리가 줄어들고 있다.
	겨울 동안 동면하는 동물들을 납치하거나 해치는 행위는 그들의 생존을 위협한다.
	사람들은 종종 동물들의 영역을 무시하고 침범하는데, 이러한 행동은 동물들의 생활 영역을 줄인다.

주인공 '나'의 감정 변화를 찾아 써 보세요

보기: 불공평함, 자신감, 희망

	호랑이와의 장기 대결을 제안받았을 때, '나'는 아버지에게 배운 장기 게임 그리고 컴퓨터 장기 게임을 통해 익힌 장기 실력이 여기서 빛을 발할 것으로 생각했다.
	'나'의 장기 실력에 호랑이가 놀란 반응을 보였을 때, 자신의 실력이 인정받고 있음을 느끼며 승리를 확신했다.
	게임 중반, 뱀이 호랑이에게 훈수를 두는 것을 보고, '나'는 불공평함을 느끼며 실망한다.

동물들에게 하고 싶은 말을 써 보세요

동화 속 주제와 어울리는 관용 표현을 찾아 ◎ 하세요

물에 빠진 사람 건져준다.	
목에 힘을 주다.	
발이 넓다.	
어깨를 나란히 하다.	

동화를 읽고 떠오르는 관용 표현을 써 보세요.

[황금 여우비, 수업지도안]

3. 생쥐와 구렁이의 지혜 대결

"미르야, 그만둬!"

방울뱀이 머리와 몸을 납작하게 만들며 소리쳤습니다.

"너도 죽고 싶지 않으면 입 다물어! 왜 이번에도 내가 숲의 왕이 되지 못했는지 알아야겠어!"

미르는 긴 몸통으로 생쥐를 돌돌 말았습니다. 미르가 힘을 꽉 주자 생쥐는 숨이 막혀 캑캑거렸습니다.

미르는 숲에서 악명 높은 구렁이입니다. 조금이라도 자기 기분을 거스르는 동물이 있으면 사정없이 죽였습니다. 백 년 묵은 구렁이라고 소문이 나서, 작은 동물들은 미르만 보면 도망부터 쳤습니다.

 그러던 어느 날, 미르는 자신의 특별한 힘을 믿고 숲의 왕이 되려 했습니다. 그런데 매번 사자가 왕이 되자, 힘없는 생쥐를 잡아서 화풀이하고 있었습니다.

 "걔가 뭘 알겠어? 그러다 죽을 거야."

 방울뱀도 미르가 겁이 났지만, 생쥐가 불쌍해서 말렸습니다.

 "빨리 말해! 넌 사자가 아끼는 특별한 생쥐잖아. 왜 매번 사자가 왕이 되는 거지?"

 미르는 방울뱀의 말을 무시하고 생쥐에게 다그쳤습니다.

 "살려주세요! 캑. 제가 그걸 어떻게 알겠습니까?"

 생쥐가 몸을 비틀며 애원을 했습니다. 사실 사자는 숲

속 모든 동물을 아끼고 존중했어요. 방울뱀도 사자의 그런 태도가 왕이 되게 한다는 걸 알지만 차마 말을 못 하고 고개를 돌려버렸어요.

"모른다고? 그렇다면, 넌 이제 죽은 목숨이다!"

미르는 생쥐를 감고 있던 몸에 힘을 꽉 주었습니다.

"미르님, 살려주세요! 비밀을 말씀드리겠습…. 캑캑"

생쥐는 필사적으로 소리쳤습니다.

"쓸데없는 꼼수 부리지 말고 조용히 죽는 게 좋을걸."

"용, 용이 되시면 됩니다."

"용, 그게 뭔데?"

미르가 조이던 힘을 조금 풀자, 생쥐가 간신히 눈을 뜨고 대답했어요.

"맘만 먹으면 하늘에서 비를 내리게 할 수 있고, 바닷물을 요동치게도 할 수 있는 신이지요."

"내 맘대로 뭐든 할 수 있다고?"

미르는 호기심이 생겼습니다.

"지금 당신은 구렁이의 모습을 하고 있지만, 사실은 여의주를 잃어버린 용입니다. 저를 풀어주시면 미르님이 여의주를 되찾고 용으로 돌아가는 방법을 알려드리겠습니다."

미르는 생쥐를 완전히 풀어주었습니다.

"캑캑"

생쥐가 땅바닥에 코를 박고 기침을 했습니다. 하지만 머릿속으로는 도망칠 궁리를 짜느라 정신이 없었습니다.

"내가 용이었다고?"

"지혜로운 생쥐들에게만 전해 내려오는 전설입죠."

생쥐는 신을 대하듯 미르 앞에서 고개를 조아렸습니다.

"용에 대해 자세히 말해봐!"

"우선, 하늘을 맘대로 날아다닐 수 있습니다."

생쥐는 벌벌 떨면서도 또박또박 대답했습니다.

'그렇다면, 만날 하늘로 도망치는 저 얄미운 새들을 맘껏 잡아먹을 수 있겠군.'

미르는 긴 몸을 동그랗게 똬리를 튼 채 생각했습니다.

"바닷물도 맘대로 움직이게 할 수 있습죠."

"파도를 일으켜 사람들을 겁줄 수도 있겠군. 좋아!"

"그리고 입에서 불이 뿜어져 나옵니다. 그 불에 닿는 건 모두 통구이가 됩니다."

"오호, 통구이, 그것, 참 재미있구나."

미르는 예전에 땅꾼에게 잡혀 죽을 뻔했던 기억을 떠올렸습니다. 용이 된다면, 그 녀석부터 혼내주어야겠다고 생각했습니다.

그리고 가만히 생각해보니 숲의 왕보다는 뭐든지 할 수 있는 용이 더 멋져 보였어요.

"좋아, 널 살려 주겠다. 이제 용이 되는 방법을 말해보아라?"

미르는 점잖은 척 허세를 부렸습니다.

생쥐가 풀려나는 걸 본 방울뱀은 그제야 안심이 되었습니다. 그리고 생쥐가 말한 방법이 무엇인지 궁금해졌습니다.

"용이 되기 위해선 반드시 여의주를 되찾아야 합니다. 그 방법은 세 가지가 있습니다."

"여의주라!"

미르는 의심스러운 눈초리로 생쥐를 쏘아보았습니다. 하지만 보잘것없는 생쥐 따위가 감히 자신을 속일 수 있을까 싶었습니다. 속는 셈 치고 한 번 들어 보자 생각했습니다.

"좋다. 방법을 말해보아라!"

"우선, 쉬운 방법부터 알려드리겠습니다. 숲에서 제일 오래 산 나무를 찾아야 합니다."

"그거야 쉽지. 바로 저 참나무가 500년은 더 살았을 걸."

미르는 두 쪽으로 갈라진 혀를 내밀어 가리켰습니다.

"구슬을 입에 물고 나무 꼭대기까지 올라가 태양에 비추기만 하면 됩니다. 그러면 구슬이 여의주로 바뀔 겁니다."

"별거 아니네. 나는 나무타기 선수인걸."

생쥐는 바르르 떨리는 손으로 구슬을 꺼내 건넸습니다. 그 구슬은 사람들이 사는 마을 근처에서 주운 것입니다. 햇볕을 받아 반짝거리는 것이 너무 신기해서 주워 온 것입니다. 그런데 이렇게 자신의 목숨을 구해 줄 여의주가 될 거라곤 생각지 못했습니다.

"그럼, 저는 방해가 되지 않도록, 덤불 밑에서 기다리겠습니다."

생쥐가 슬금슬금 뒷걸음질 치며 말했습니다.

"넌 평범한 구렁이야. 네가 저 높은 나뭇가지에 올라가면 다칠 게 뻔해!"

방울뱀도 처음에는 생쥐 말에 호기심이 생겼지만, 거짓말이라는 걸 금방 알아차렸습니다. 그래서 몸을 납작하게 세워 생쥐를 위협했습니다.

"넌 내가 용이 되는 게 배 아픈 모양이지."

미르는 자신을 평범한 구렁이라고 한 것에 오기가 생겼습니다. 뭔가를 보여줘야겠다고 생각했습니다. 그래서 유리구슬을 입에 물고, 나무 꼭대기의 가느다란 나뭇가지까지 힘겹게 기어 올라갔습니다. 그 모습을 지켜보던 방울뱀은 어처구니가 없었습니다.

"미르님, 조금만 더 높이 올라가십시오. 이제 용이 되실 겁니다."

생쥐는 방울뱀에게서 뚝 떨어져 소리쳤습니다.

'난 용이 될 것이다. 그러면 하늘의 세계가 나의 것이 될 것이다.'

미르는 자신이 이 세상 제일이라는 걸 모두에게 보여주고 싶었어요. 그래서 가는 나뭇가지에 가까스로 매달려 하늘을 응시했습니다.

"제발, 그만 내려와! 그러다 떨어지겠어!"

방울뱀은 미르가 움직일 때마다 가는 나뭇가지가 아래로 축 늘어지는 걸 보았습니다. 결국 가지가 부지직 소리를 내며 부서졌습니다. 그리고 미르는 높은 나뭇가지에서 땅으로 '쿵' 소리와 함께 내동댕이쳐졌습니다.

　이를 지켜보던 생쥐는 미르가 죽었기를 기대하며 달려왔습니다.

　"미르님, 괜찮으신가요?"

　생쥐가 맘에도 없는 말을 하며 미르를 살폈습니다.

　"큉, 어이쿠 허리야. 내 몸이 두 동강 난 줄 알았다."

　미르가 갈라진 혀를 날름거리며 겨우 눈을 떴습니다.

　"역시 용이 될 분이라 높은 곳에서 떨어져도 멀쩡하시군요. 그럼, 이제 바다로 가시지요."

　생쥐는 몹시 실망했지만, 미르가 딴생각을 못하게 재촉했습니다.

　"무슨 소리야! 바닷물에 우리 같은 뱀이 들어가면 죽어!"

방울뱀이 놀라서 소리쳤습니다.

"또, 아는 척하는 거야? 네가 바다를 본 적이 있어? 죽는지 안 죽는지는 해봐야 알지."

미르는 날카로운 눈빛으로 방울뱀을 쏘아보며 말했어요.

용이 되고 싶은 마음이 눈덩이가 굴러가며 커지듯 점점 더 커졌어요. 그리고 그 마음은 모든 생각을 하나로 뭉쳐버렸어요.

"역시, 미르님은 용이십니다. 바다를 보면 헤엄치고 싶어 안달이 나실걸요."

생쥐는 그런 미르를 더욱 추켜세웠습니다.

미르는 신이 나서 생쥐를 따라 해안가로 나갔습니다. 파도가 밀려오자 하얀 물거품이 모래와 함께 쓸려왔습니다. 방울뱀은 걱정스러운 표정으로 따라왔습니다. 미르가 마음을 바꾸고 도와달라고 하면 언제라도 도울 마음이 있었거든요.

"미르님, 이 구슬을 입에 물고 바다 멀리 헤엄쳐 나가십시오. 조금 있으면 해가 지고 달이 떠오를 것입니다. 그때 물고 있던 구슬을 달빛에 비추십시오."

생쥐가 구렁이 앞에서 머리를 조아리며 말했어요. 그 모습은 마치 신을 대하는 듯 느껴졌어요.

"흠, 이번엔 높은 곳에서 떨어질 염려도 없고, 바다도 물이니, 헤엄은 자신 있다."

미르는 자신감 있게 바다로 헤엄쳐 들어갔습니다. 늪에서 헤엄칠 때는 파도가 없어서 쉬웠는데, 바다는 만만치 않았습니다. 게다가 바닷물이 자꾸만 입속으로 들어와서 구슬을 입에 물고 있기도 쉽지 않았습니다.

"미르님, 잘하고 계십니다. 곧 달이 떠오를 것입니다."

미르는 해안가에서 들려오는 생쥐의 아첨에 떠밀려, 조금씩 더 깊은 바다로 헤엄쳐 들어갔습니다.

그때 바다에서 고기잡이하던 어부가 미르를 보았습니다.

"이보게, 저기 앞에서 헤엄쳐 오는 뱀이 구렁이 아닌가?"

"별일이구먼. 어떻게 구렁이가 바다에서 헤엄을 치고 있지?"

어부들은 고개를 갸웃거리며, 뱃머리를 돌려 구렁이로부터 멀리 달아났습니다.

'그러면 그렇지. 감히 용 앞에서 얼쩡대면 안 되지. 근데 왜 이리 온몸이 쪼그라드는 느낌이 들지?'

미르는 어부들이 자신을 피하는 것을 보며 벌써 용이 된 느낌마저 들었습니다. 하지만 뭔가 잘못된 느낌도 지울 수가 없었습니다.

'조금만 참자. 내가 용만 되면, 이 바다는 모두 내 것이 될 테니까.'

미르는 바닷물이 입안으로 들어올 때마다 온몸이 뻣뻣해지는 것 같았어요.

'이러다 용이 되기도 전에 죽는 거 아냐.'

미르는 구슬을 문 채 캄캄한 하늘을 올려다봤습니다.

'도대체 달은 언제 뜨는 거야? 내가 용이 되면 너부터 손 봐주겠어.'

미르는 자꾸만 뻣뻣해져 오는 몸을 이리저리 흔들어 보았어요. 몸이 이상하게 맘처럼 움직여지지 않았습니다. 슬슬 불안해지기 시작했습니다.

'아, 안 되겠다. 더는 못 참겠다.'

미르는 입에 물고 있던 구슬도 뱉어버리곤, 해안가로 돌아왔습니다.

"어, 왜 돌아오고 있는 거야?"

방울뱀을 피해 바위 뒤에 숨어 있던 생쥐가 불안에 떨었습니다. 생쥐는 숲속 악당 미르가 죽기만을 기다리고 있었거든요. 그래야 자신이 한 거짓말이 들통나더라도 맘 편히 숲을 돌아다닐 수 있기 때문입니다.

"살았다!"

미르는 파도의 힘을 빌려서 간신히 해안가로 돌아왔

습니다.

"괜찮으십니까? 조금만 더 참으셨다면 용이 되어 하늘로 올라가셨을 텐데요."

생쥐는 하늘에 떠 있는 달을 바라보며 아쉬움을 연기했지만, 눈빛에서는 절망이 서려 나왔습니다.

미르도 정신을 차리고 보니, 하늘에 둥근 보름달이 환하게 바다를 비추고 있었습니다. '조금만 더 참아볼걸' 하는 후회가 밀려왔습니다. 그렇지만 용이 되기 위한 노력이 자꾸만 실패로 끝나서 짜증이 스멀스멀 올라왔습니다.

"하지만, 실망하지 마십시오. 아직 마지막 한 번의 기회가 더 남았습니다."

생쥐는 구렁이의 표정을 보고 숨을 크게 한 번 들이쉬었어요. 그리고 두려움을 들키지 않도록 최대한 낮고 차분한 목소리로 구렁이를 부추겼어요.

"그게 뭔데?"

미르도 마지막이라는 말에 귀가 솔깃했습니다.

"용은 원래 불을 내뿜는 신입니다. 그러니 이제 불을 온몸으로 받아들이시면 됩니다."

"어떻게?"

"숲속에 땅꾼이 사는 오두막이 있습니다. 그곳 부엌 아궁이로 들어가시면 됩니다."

"뭐라고? 그러다 불에 타 죽으면 어떻게 할 거야?"

"절대로 그럴 일은 없습니다. 미르님은 원래 용이었지요. 숲속에서 미르님을 무서워하지 않는 동물이 없습니다. 평범한 구렁이였다면 어림도 없는 일이죠. 땅꾼이 불을 피우기 전에 미리 아궁이 깊숙한 곳에 자리를 잡고 있다가, 아궁이 속에서 타오르는 불을 온몸으로 받아들이시기만 하면 됩니다."

"그러다, 내가 구렁이 구이가 되는 것은 아니겠지?"

미르는 몸을 곤추세우고 쉭 소리를 내며 생쥐를 노려봤습니다.

"제 말을 믿으십시오. 여태까지도 거의 용이 될 뻔하다가 마지막 순간을 놓치신 겁니다. 하늘의 신, 용이 되기만 한다면 그동안 겪었던 모든 고충이 눈 녹듯 사라질 겁니다."

미르는 생쥐가 하는 말을 믿어야 할지 고민이 됐습니다. 하지만 지금 와서 포기한다면, 그동안 고생한 것이 모두 헛수고가 될 걸 생각하니, 짜증이 났습니다.

"저놈 말을 믿으면 안 돼! 넌 지금도 힘센 구렁이잖아. 용이 안 되어도 상관없잖아!"

방울뱀은 미르를 다시금 말렸습니다.

"시끄러워! 네가 지금 나보고 고작 힘센 구렁이 따위라고 말한 거야?"

미르는 방울뱀이 자신을 시기한다고 생각했습니다. 그래서 방울뱀이 하는 말이 하나도 귀에 들어 오지 않았습니다.

결국, 미르는 생쥐와 함께 숲속 오두막의 부엌 앞에

왔습니다. 방울뱀은 땅꾼이 무서워 차마 따라오지 못했습니다.

"미르님, 이제 마지막 순간이 왔습니다."

생쥐는 비장한 목소리로 말했지만, 눈은 교활하게 빛나고 있었습니다.

미르는 아궁이를 뚫어지게 쳐다보다 눈을 감았습니다. 그러자 활활 타오르는 아궁이가 보였습니다. 그 속에서 용이 되어 불을 내뿜으며 하늘로 솟구치는 자신의 모습이 보였습니다.

'멋지군. 용이 되려면 이 정도는 참아야지!'

미르는 속으로 되뇌며, 아궁이로 미끄러지듯 기어들어 갔습니다.

"넌 결국 썩은 배를 타고 강을 건너는구나!"

방울뱀은 눈자위가 촉촉해진 채 중얼거렸습니다. 그리고 차마 더는 지켜볼 수가 없어서 숲속으로 천천히 사라졌습니다.

> 동화 속 사건 읽고 어울리는 말을 채워 보세요.

구렁이 [미르]의 관점에서 사건을 요약하면 다음과 같습니다. 이야기를 읽고 빈칸을 채워 봅시다.

> 보기: 사자, 용, 생쥐, 여의주, 방법

> 숲의 왕이 되고자 하는 나의 바램은 매번 ♥♥에게 왕좌를 빼앗기며 좌절되었다.
> 화가 나서 힘없는 생쥐에게 화풀이하고 있었는데, 생쥐는 내가 ♥이었다는 전설과 ♥♥♥를 되찾을 수 있다는 새로운 가능성을 말해주었다.
> ♥♥의 이야기를 듣고, 생쥐가 제안하는 여의주를 찾아 용으로 돌아가는 ♥♥에 대해 알아보고자 했다.

생쥐는 자신의 목숨을 구하기 위해, 숲속 왕이 되고 싶은 구렁이 미르의 마음을 이용해서 이야기를 꾸며냈습니다. 여러분이 생쥐라면 어떤 이야기를 만들어낼지 상상하여 적어 보세요

> 생쥐: 구렁이는 전설의 용이었다

3. 생쥐와 구렁이의 지혜 대결 - 53

주인공 '미르'의 감정 변화를 찾아 써 보세요

미르가 아궁이에 들어가기로 한 결정은 아래와 같은 여러 가지 마음이 얽힌 결과입니다. 그 감정들을 정리한 문장을 보고, 빈 칸에 어울리는 말을 보기에서 골라 써 보세요.

보기: 고통, 욕망, 희망, 증명

변화를 위한 강한 ♥♥	미르는 용이 되고 싶다는 강렬한 욕망을 품는다.
이미 많은 ♥♥을 겪은 상태	미르는 이미 용이 되기 위해 바닷물을 마시며 몸이 변화하는 등 여러 고통을 겪었다.
마지막 기회에 대한 ♥♥	생쥐가 말한 대로, 이번이 용이 될 수 있는 마지막 기회일 수 있다.
자신에 대한 ♥♥	미르는 자신이 단순히 힘센 구렁이가 아니라, 더 높은 존재 즉, 용이 될 수 있다는 것을 증명하고자 한다.

미르에게 하고 싶은 말을 써 보세요

동화 속 주제와 어울리는 관용 표현을 찾아 ◎ 하세요

이야기 속에 '넌 결국 썩은 배를 타고 강을 건너는구나!' 지문이 있습니다. 이 관용 표현의 의미로 알맞은 것에 ◎로 표시하세요.

	이건 정말 이상한 일이다.
	슬그머니 피하여 물러난다.
	잘못된 선택을 했고, 그 결과는 좋지 않을 것이다.
	기세등등하게 행동한다.

동화를 읽고 떠오르는 관용 표현을 써 보세요.

【생쥐와 구렁이의 지혜 대결, 수업지도안】

4. 숲속 작은 탐험가, 줄베짱이

 하얀 꽃 접시에 달걀노른자를 얹어 놓은 것 같은 개망초가 숲속 빈터에 무리 지어 피어 있었습니다. 그곳에는 초록색 꽃대 사이를 천방지축 헤집고 돌아다니는 어린 줄베짱이가 살고 있었습니다.
 여느 때처럼, 줄베짱이는 풀숲 사이를 폴짝폴짝 뛰어다니다가 멈췄습니다. 갈매나무 잎에 매달려 있는 작은 알을 보았거든요. 줄베짱이는 작은 알이 어떤 친구로 태어날지 몹시 궁금했습니다. 그래서 날마다 작은 알 주위를 서성댔습니다.

드디어 작은 알에서 초록색 애벌레 한 마리가 힘겹게 빠져나오고 있었습니다. 애벌레는 작은 머리에 통통한 몸통을 가졌습니다. 한 번 움직일 때마다 몸통 전체가 꿈틀꿈틀했습니다.

"너, 참 우습게 생겼다!"

한참을 지켜보고 있던 줄베짱이가 키득키득 웃으며 말했습니다.

"할 수 없지. 이것도 나비가 되기 위한 과정이니까."

애벌레는 퉁명스럽게 대꾸했습니다

"네가 나비가 될 거라는 걸 어떻게 알아? 다른 곤충이 될 수도 있잖아."

줄베짱이가 놀리듯 말했습니다.

"난 꼭 아름다운 나비가 될 거야."

애벌레가 잎사귀를 사각사각 갉아 먹으며 대답했습니

다.

"네가 나비가 된다고 쳐. 그런데 왜 꼭 나비가 되고 싶은 건데?"

줄베짱이는 긴 뒷다리로 펄쩍 뛰어 애벌레 가까이에 있는 잎에 올라앉았습니다. 그러자 초록색 갈매나무 잎이 아래위로 살짝 흔들렸습니다.

"나비는 날개 달린 꽃이야. 꽃처럼 향기롭고 아름답게 세상을 날아다니고 싶어!"

애벌레는 먹는 걸 멈추고 파란 하늘을 올려다보았습니다.

"지금은 온종일 움직여도 네가 뛰는 몇 걸음밖에 못 가지만, 나비가 되면 꽃잎처럼 예쁜 날개를 펴고 세상을 훨훨 날아다닐 거야."

집으로 돌아오던 줄베짱이는 가만히 애벌레의 말을 떠올려보았습니다.

자신은 나중에 뭐가 되고 싶은지도 생각해보았습니

다. 아무런 생각이 떠오르지 않았습니다. 갑자기 자신이 초라하게 느껴졌습니다. 줄베짱이는 자신의 몸통보다 긴 날개를 쓱쓱 비벼 노래를 불렀습니다.

"어이, 줄베짱이. 오늘, 네 노랫소리가 왜 그래. 무슨 일 있어?"

톱니가 박힌 앞발을 휘휘 저으며 사마귀가 줄베짱이에게 다가왔습니다.

"넌 날아다니는 꽃이 뭔지 아니?"

줄베짱이는 날개를 접고 수수께끼를 내듯 물었습니다.

사마귀는 세모꼴로 각진 머리를 갸웃거렸습니다.

"나비야!"

그제야 사마귀도 고개를 끄덕였습니다.

"작은 애벌레도 아름다운 나비가 되겠다는 꿈이 있는데, 난 꿈도 없고. 아무짝에도 쓸모가 없는 것 같아."

"글쎄, 난 네가 말하는 꿈같은 건 관심이 없어. 그런

골치 아픈 생각일랑 접어두고 우리 그냥 사냥이나 하러 가자."

사마귀가 날카로운 앞발을 공중에 휙휙 휘둘렀습니다.

"야, 너 그 앞발 좀 치워. 무섭단 말이야!"

줄베짱이가 몸을 움츠리며 소리쳤습니다.

"아, 미안. 걱정하지 마. 내가 널 잡아먹겠니? 그때 너 아니었으면 난 두꺼비 밥이 되었을 텐데."

사마귀는 두꺼비라는 말을 입에 올리면서 몸서리를 쳤습니다. 그리곤 목을 홱 돌려 사방을 둘러보았습니다. 그 모습을 본 줄베짱이가 피식 웃었습니다.

"나도 최고로 멋진 줄베짱이가 되고 싶어. 이대로 가만히 있을 순 없지."

"어떻게 하려고?"

"좀 더 넓은 숲으로 가야겠어. 분명 그곳에서는 내가 찾는 답이 있을 거야."

줄베짱이는 결심한 듯 긴 뒷다리를 곧추세웠습니다. 사마귀가 아무리 말려도 소용이 없었습니다.

 줄베짱이는 개망초 꽃밭을 벗어나 한참을 달렸습니다. 숲은 가도 가도 끝이 없었습니다. 그러다가 줄기를 따라 꽃을 피운 보라색 층층이꽃을 발견했습니다. 마침 종 모양의 층층이꽃에 머리를 푹 집어넣고 꽁지만 내밀고 있는 꿀벌을 보았습니다.

 '꿀벌은 알까. 최고로 멋진 줄베짱이는 어떻게 하면 되는지.'

 줄베짱이는 머뭇거리기만 할 뿐 선뜻 입을 열지 못했습니다. 갑자기 말을 걸면 꿀벌이 놀라 벌침을 쏠지도 모르기 때문입니다.

 그때였습니다. 소나무 가지 사이에 대롱대롱 매달려 있던 왕거미가 꿀벌을 향해 거미줄을 타고 살금살금 내려오고 있었습니다.

 "꿀벌, 도망가. 거미가 나타났어!"

줄베짱이는 목청껏 소리치곤 덤불 사이에 몸을 숨겼습니다.

놀란 꿀벌이 하얀 날개를 퍼덕거리며 공중으로 날아올랐습니다. 거미는 아쉽다는 듯 한참을 하늘만 바라보다 이내 모습을 감추었습니다.

숨어 있던 줄베짱이가 나오자 꿀벌이 다가왔습니다.

"고마워. 너 아니었으면 큰일 날 뻔했어."

"무사해서 다행이다. 근데 넌 뭐 하느라 거미가 오는 줄도 몰랐어?"

꿀벌은 날개를 접고 층층이꽃에 조심스럽게 내려앉았습니다.

"난 정찰 벌이야. 신선하고 달콤한 꿀을 찾아 친구들에게 알려주는 것이 내 임무야. 내가 없으면 새로운 꿀을 찾을 수도 없지."

줄베짱이는 꿀벌의 말을 곰곰이 생각해보았습니다. 그리고 정찰 벌과 함께 꿀을 찾아 세상을 돌아다니는 자신을 상상해 보았습니다. 멋지게 느껴졌습니다.

"나도 너처럼 되고 싶어. 어떻게 하면 되는 거야?"

꿀벌은 줄베짱이가 좀 엉뚱하다는 생각이 들었습니다. 하지만 목숨을 구해준 보답은 해야 할 것 같았습니다.

"그럼, 잘 들어. 우선 꿀이 많은 꽃을 찾으러 가는 거야."

줄베짱이는 그런 것쯤은 아무것도 아니라는 표정을 지었습니다.

"그런 다음, 친구들에게 가서 꽃의 위치를 알려주는 꼬리 춤을 추어야 해."

꿀벌은 공중에서 이리저리 방향과 속도를 달리해가며 날았습니다. 그 모습을 자세히 보던 줄베짱이의 얼굴이 금세 일그러졌습니다.

"나도 날개가 있긴 한데 너처럼 날 수는 없어. 꼬리 춤을 추지 않고 그냥 달려가서 알려주면 안 될까?"

줄베짱이의 말을 들은 꿀벌은 한참을 웃었습니다.

"정찰 벌만 멋진 건 아니야. 네가 할 수 있는 다른 걸 찾아봐. 그럼 안녕, 고마운 줄베짱이야."

꿀벌은 말을 마치자마자, 흰 날개를 일자로 쭉 펴고 파란 하늘 속으로 사라졌습니다.

꿀벌과 헤어진 후 줄베짱이는 몇 날을 낯선 숲에서 헤맸습니다. 너무 피곤해서 눈꺼풀이 스르륵 감겼습니다.

"여기서 좀 쉬었다 가야겠다. 도대체 최고로 멋진 줄베짱이는 어떻게 해야 될 수 있는 거야."

줄베짱이는 풀숲에 몸을 뉘며 푸념했습니다.

"누가 좀 도와줘! 진딧물 때문에 아파서 살 수 없어."

줄베짱이는 들국화가 외치는 소리를 들었습니다. 무슨 일인가 궁금해서 살금살금 들국화 옆으로 다가갔습니다. 그때 갑자기 어디선가 윙하고 날갯짓 소리가 들리더니 무당벌레가 나타났습니다.

무당벌레는 들국화에 다가가 새순에 다닥다닥 붙어

있던 진딧물을 먹어 치우기 시작했습니다. 그 모습을 본 줄베짱이는 입을 다물지 못했습니다. 들국화도 무당벌레에게 고마움의 표시로 향긋한 향기를 뿜어주었습니다.

"안녕, 무당벌레야! 네 덕분에 나까지 향긋한 들국화 향을 맡을 수 있게 됐네."

줄베짱이가 무당벌레에게 말을 걸었습니다.

"늘 하던 일인 걸. 그런데 넌 누구니?"

줄베짱이는 최고로 멋진 줄베짱이가 되기 위해 여행을 하고 있다고 자신을 소개했습니다. 그리고 조바심치듯 마음에서 솟구치는 질문을 했습니다.

"넌 꿈이 뭐야?"

무당벌레는 잠깐 줄베짱이를 유심히 바라보았습니다. 태어나서 한 번도 꿈에 관한 질문을 받아 본 적이 없었거든요. 하지만 줄베짱이의 진지한 눈빛이 맘에 들었습니다.

"꽃들의 정원사가 되는 거야."

무당벌레가 다정한 목소리로 대답했습니다.

"그게 뭔데?"

"꽃들의 정원사는 숲속의 꽃들을 가꾸고 보살피는 일을 하지. 지금처럼 꽃들이 진딧물 때문에 아프면 달려와서 치료해 주는 거지."

"와, 그거 정말 멋지다. 그럼 나도 너처럼 줄베짱이 정원사가 될래!"

"그럼 너도 진딧물을 잡아먹을 수 있어?"

"당연하지!"

줄베짱이는 무당벌레처럼 들국화 꽃대에 펄쩍 뛰어올랐습니다. 그리고 진딧물을 잡아 입에 넣고 씹었습니다.

"퉤퉤! 어휴, 이런 걸 어떻게 먹어?"

줄베짱이가 불평을 늘어놓자, 무당벌레는 배를 잡고 웃었습니다. 그러더니 빨간 등딱지 날개를 활짝 펴고 날아올랐습니다.

줄베짱이는 마음속으로 개망초 꽃밭을 그려보았습니다. 나비가 되겠다던 애벌레도 생각나고, 사마귀 친구도 보고 싶었습니다. 그러자 발에 날개가 돋친 듯 걸음이 빨라지기 시작했습니다.

서서히 땅거미가 내려앉기 시작했습니다. 줄베짱이는 익숙한 개망초 향을 맡으며 갈매나무 앞에서 걸음을 멈췄습니다. 나비가 되겠다던 애벌레가 번데기가 되어 가지에 매달려 있었습니다. 이제 곧 번데기에서 아름다운 날개를 펴고 나비가 태어날 것입니다.

줄베짱이는 번데기가 대견하기도 하고, 부럽기도 했습니다. 마음이 자꾸만 이랬다 저랬다 변덕을 부렸습니다.

"돌아왔구나! 최고로 멋진 줄베짱이 씨!"

언제 왔는지 사마귀가 바짝 다가와 장난치듯 말했습니다.

줄베짱이는 사마귀를 보자 눈물이 날 것 같았습니다.

"실망하지 마. 나도 아직 최고로 멋진 사마귀가 못 됐어. 그래도 난 아무렇지도 않아."

줄베짱이는 웃었습니다. 사마귀가 자신을 위로해 주려고 애쓰는 모습이 고마웠기 때문입니다.

어느새 숲속의 밤이 깊어가고 있었습니다. 평소 같으면 은은한 달빛 속에서 가을의 노래꾼들이 저마다 자신의 목소리를 뽐낼 시간이었습니다. 그런데 지금은 텅 빈 것처럼 조용했습니다. 점점 거세지는 바람에 풀들이 이리저리 흔들리는 소리만이 들렸습니다.

바로 그 순간 요란한 천둥소리가 숲 전체에 울려 퍼졌습니다. 먹구름을 잔뜩 머금었던 밤하늘도 더는 견디지 못하겠다는 듯 세찬 빗줄기를 마구 쏟아냈습니다.

"나비가 되고 싶어 했는데, 괜찮을까."

줄베짱이는 걱정스럽게 번데기를 쳐다보며 중얼거렸습니다 하지만 사마귀는 불안한 표정으로 주위를 살피며 말했습니다.

"빨리 안전한 곳으로 가자."

사마귀가 머뭇거리고 있는 줄베짱이를 잡아끌었습니다. 마지못해 사마귀를 따라가던 줄베짱이가 또 걸음을 멈추었습니다.

"번데기가 나뭇가지에서 떨어지면 어떻게 하지?"

"그건 나도 모르지. 헛소리 말고 빨리 가기나 해!"

사마귀는 화난 표정으로 소리쳤습니다. 하지만 줄베짱이는 사마귀의 말이 한마디도 들리지 않았습니다.

"미안, 너 먼저 가. 나비 번데기 혼자만 남겨두고 갈 순 없어."

"그럼 네 맘대로 해."

사마귀는 말도 안 된다고 화를 내다가 혼자 가버렸습니다.

줄베짱이는 번데기 걱정에 마음이 급해졌습니다. 긴 뒷다리로 뛰어보려 했지만 세찬 빗줄기에 자꾸만 미끄러져서 제대로 뛸 수조차 없었습니다. 하지만 포기하지 않고 갈매나무 밑으로 돌아왔습니다.

"너 괜찮은 거야?"

번데기는 아무런 대꾸가 없었습니다.

그러자 줄베짱이는 더욱더 걱정되기 시작했습니다. 바람은 더 세차게 불어오고 있었습니다. 번데기는 금방이라도 땅에 떨어져서 빗물에 쓸려 떠내려갈 것 같았습니다.

"너무 겁내지 마. 네가 예쁜 나비가 될 때까지 내가 너 옆에 있어 줄게."

줄베짱이는 키 작은 풀 사이에 자리를 잡았습니다. 그리고 두 날개를 비벼 노래를 불렀습니다.

"찌르르 찌르르"

밤새 세찬 빗줄기와 줄베짱이의 노랫소리가 숲속을 적셨습니다.

다음 날, 따뜻한 햇볕이 줄베짱이의 눈을 간지럽혔습니다. 자신이 언제 잠이 들었는지도 몰랐습니다. 그러다 번데기가 생각나서 몸을 번쩍 일으켰습니다. 나뭇가지를 쳐다보니 번데기가 없었습니다.

"나비 번데기야? 나비 번데기야?"

줄베짱이는 눈물을 흘리며 목청껏 울었습니다.

"나 여기 있어."

줄베짱이가 놀라서 고개를 홱 젖히고 돌아보았습니다. 그때 환한 햇살 속에서 가벼운 날갯짓을 하며 나비 한 마리가 날아왔습니다. 줄베짱이는 눈이 부시게 아름다운 나비를 넋을 잃고 바라보았습니다.

"나야 나. 네가 어젯밤 내내 나를 위해 노래를 불러줬잖아!"

나비는 노란 날개에 까만 점이 하나씩 찍혀 있는 날개를 가만히 접어 개망초 꽃잎에 앉았습니다.

"네가 어젯밤 그 번데기 속에 있던 애벌레야?"

줄베짱이는 믿기지 않는다는 표정으로 되물었습니다.

"응. 무서운 폭풍우 속에서도 네가 불러주는 노랫소리

를 들으며 견디고 있었어. 널 만나서 꼭 해주고 싶은 말이 있었거든."

"무슨 말?"

"너의 아름다운 노래가 내게 희망과 용기를 줬어. 덕분에 꿈꾸던 나비가 될 수 있었어. 정말 고마워!"

동화 속 사건 읽고 어울리는 말을 채워 보세요.

보기: 줄베짱이, 꽃, 곤충, 꿈

숲속에서 ♥♥♥♥는 갈매나무 잎에 매달린 작은 알을 발견하고, 그 알이 어떤 ♥♥으로 변할지 궁금해하며 주위를 서성거린다.
줄베짱이는 애벌레가 나비가 되기를 희망하는 모습을 보고 우스꽝스럽다고 생각하면서도 관심을 가진다.
애벌레가 나비처럼 날개 달린 ♥이 되어 세상을 날아다니고 싶다는 꿈을 밝히자, 줄베짱이도 자신의 ♥에 대해 고민한다.

줄베짱이는 애벌레가 나비가 되고 싶다는 꿈을 가진 것을 보고, 자신도 어떤 꿈이 있어야 한다고 생각했어요. 그런데 자신이 정말 무엇이 되고 싶은지는 떠오르지 않았어요.

꿈에 대한 여러분의 고민을 써 보세요

'사마귀' 캐릭터에 대해 생각해보세요

사마귀의 말: [**실망하지 마. 나도 아직 최고로 멋진 사마귀가 못 됐어. 그래도 난 아무렇지도 않아.**] 를 통해 알 수 있는 사마귀의 성격 특성이 아닌 것에 ◎ 해 보세요.

	사마귀는 자신이 아직 '최고로 멋진 사마귀'가 되지 못했다고 인정하면서도, 이에 대해 크게 실망하지 않는 태도를 보인다.
	사마귀는 자신의 꿈이 없음에 대해 긍정적인 태도를 유지하며, 실패나 미완성을 자신의 가치 판단의 기준으로 삼지 않는다.
	특별한 성과 없이 돌아온 줄베짱이를 비웃는 태도를 보인다.
	줄베짱이에게 실망하지 말라고 말하면서, 사마귀는 줄베짱이를 위로하고 지지하는 성격을 보여준다.

사마귀에게 하고 싶은 말을 써 보세요

동화 속 주제와 어울리는 관용 표현을 찾아 ◎ 하세요

고개를 숙이다.	
꿈을 좇는다.	
허리를 굽히다.	
어깨를 낮추다.	

동화를 읽고 떠오르는 관용 표현을 써 보세요.

【숲속 작은 탐험가 줄베짱이, 수업지도안】

4. 숲속 작은 탐험가, 줄베짱이 - 75

5. 가족의 힘

"하필, 왜 지금 이사 들어오는 거야."

아영이는 4학년이 되는 첫날부터 지각할까 봐 괜히 짜증을 냈다.

옆집은 이른 아침부터 시끌벅적했다. 엘리베이터는 쉴 새 없이 이삿짐을 실어 나르고 있었다.

아영이는 쌍둥이 오빠 우람이를 따라 계단으로 내려가다가 목줄을 맨 강아지를 보았다. 강아지가 아영이를 보고 짖었다.

"강아지를 이동장 안에 넣어두어야지, 이게 뭐야? 깜짝 놀랐잖아!"

아영이가 짜증 난다는 듯 중얼거렸다.

"옆집 강아지인가 봐. 귀엽게 생겼다."

우람이가 가만히 손가락을 내밀었다. 그러자 강아지도 우람이의 손가락을 핥았다. 강아지 행동을 본 아영이는 심통이 났다. 자신에게는 짖던 녀석이 오빠에게는 상냥하다니. 아영이가 강아지의 귀를 잡아당겼다. 그러자 강아지가 아파서 낑낑거렸다.

"흥, 별것도 아니네. 괜히 겁먹었어."

대담해진 아영이는 강아지에게 무서운 표정을 지으며 장난을 쳤다.

"그러지 마."

우람이가 말렸다.

아영이는 우람이가 말려도 신나 죽겠다는 표정이었

다. 이윽고 약이 바짝 오른 강아지가 '캉캉'하고 짖었다. 그러자 아영이가 엉덩방아를 찧었다. 우람이가 그 모습을 보고 살짝 웃었다. 자존심이 상한 아영이가 강아지를 노려보며 말했다.

"너, 감히 나를 겁줬다 이거지. 가만 안 둬!"

아영이는 한참 동안 주머니와 가방을 뒤지더니, 얼굴을 찌푸렸다. 휴대 전화가 없었다.

"오빠, 폰 좀 줘 봐!"

아영이가 퉁명스럽게 말했다.

우람이는 순순히 휴대 전화를 내주었다. 아영이는 우람이의 휴대 전화로 인터넷을 검색하기 시작했다.

"뭐 하는 거야?"

우람이가 물었다.

"'소리뜰'이라는 사이트가 있는데, 재밌는 소리가 엄청 많아. 들어 볼래?"

아영이는 우람이 귀에 휴대 전화를 갖다 대었다. 갑자

기 경찰차 사이렌 소리가 요란하게 나왔다. 우람이 눈이 왕방울만 해졌다.

"신기하지. 하지만 내가 필요한 소리는 이런 소리가 아니지!"

아영이는 다시 빠른 손놀림으로 휴대 전화를 만지작거렸다. 그리곤 입꼬리를 길게 올린 채 휴대 전화를 강아지 앞에 들이밀었다. 곧이어 휴대 전화에서 큰 개 짖는 소리가 '컹컹'하고 나왔다. 강아지는 몸을 움츠리며 낑낑거렸다.

"거봐! 이렇게 큰 소리로 눌러 줘야 조용해지는 거야."

아영이는 깔깔대며 웃었다. 그때였다.

"대체 어느 놈들이 내 강아지를 겁주는 거야?"

아영이는 놀라서 계단 아래로 뛰며 소리쳤다.

"뛰어!"

아영이는 휴대 전화를 떨어뜨린 것도 모른 채 계단을 뛰어 내려갔다. 우람이도 당황한 채 아영이를 따라 계단을 급히 내려갔다.

　오후가 되자 좋지 않은 예감이 현관문을 두드렸다. 초인종 소리와 함께 낯선 목소리가 들리더니, 엄마가 우람이를 불렀다. 방에 있던 우람이가 현관으로 나왔다.

"저, 저 녀석 맞네."

　옆집 아주머니가 우람이를 손가락으로 가리켰다.

"네가 정말 강아지에게 휴대 전화로 장난쳤어?"

　엄마는 믿을 수 없다는 표정으로 물었다. 엄마 손에는 현관문 출입카드가 매달려 있는 우람이의 휴대 전화가 들려있었다. 우람이도 그제야 휴대 전화가 생각났다.

'내가 아니라, 아영이가 한 짓이에요.'

　우람이는 어른들에게 그렇게 말하고 싶었다. 하지만 사실을 이야기하면 장난꾸러기 아영이가 이번엔 정말 혼이 날 것만 같았다.

"이 녀석아, 뭐라고 말 좀 해봐."

　엄마가 팩 소리를 질렀다. 때마침 아영이도 현관에 들

어섰다.

"어, 저 애도 이 집 아이였네. 아침에 저 아이도 옆에 있었어요."

옆집 아주머니가 아영이를 매섭게 쏘아보며 말했다.

"저, 저는 아무 짓도 안 했어요."

아영이가 우람이에게 살려달라는 눈짓을 하며 거짓말을 했다. 여동생이 악마처럼 보였다.

아주머니가 돌아간 후, 우람이는 아빠한테까지 야단을 맞았다. 집안 분위기가 찬물을 끼얹은 듯 싸늘해졌다.

아영이는 꾸중을 피해서 다행이라 생각했는데 자꾸만 목이 타고 기분이 나빴다. 방문을 빼꼼히 열고 우람이 방을 기웃거렸다. 방문이 살짝 열려있는데 불빛이 없었다. 불을 켜자 책상 위에 편지지가 보였다.

받는 사람이 엄마 아빠였다. 그런데 뭔가 쓰려고 했던 흔적만 있을 뿐 내용이 없었다. 아영이의 얼굴이 점점 하얗게 변했다.

"한 번 살려주었다고 고마워했는데, 편지로 고자질하려던 셈이었어?"

아영이는 편지를 주머니 속에 구겨 넣었다. 오빠를 찾아 따져야겠다고 생각했다.

"치사해. 치사해!"

아영이는 근처에 있는 PC방부터 뒤졌다. 그런데 없다. 오빠가 갈 만한 곳은 다 찾아보았다. 도무지 찾을 수가 없었다. 벌써 날이 어둑어둑해졌다.

아영이는 놀이터 시소에 풀썩 주저앉았다. 맞은편 의자가 위로 번쩍 올라갔다. 문득 예전의 사고가 생각났다. 아영이의 장난으로 오빠가 시소에서 떨어졌다. 그때도 자신 때문에 다쳤는데, 오빠는 아영이 탓을 하지 않았었다. 그런 오빠가 편지를 쓰다 말고 사라졌다.

'따질 게 아니라, 미안하다고 해야 하나?'

아영이는 오빠에게 전화를 걸었다.

그때였다.

"너, 폰 좋은데!"

동네 껄렁이들이 아영이에게 소리쳤다.

"오빠들이 무슨 상관이야!"

아영이는 시큰둥하게 대꾸했지만 목소리가 떨리고 있었다.

"그래? 그럼, 돈이나 좀 내놔 봐!"

껄렁이들이 겁을 주었다.

"나한테 왜 이래? 우리 아빠에게 다 이를 거야."

우람이는 속상할 때마다 미끄럼틀 터널 속에 숨곤 했다. 그러다 깜빡 잠이 들었는데, 선잠 속에서 동생 목소리가 들려 눈을 떴다. 밖을 보니 아영이가 중학생처럼 보이는 남자아이들에게 둘러싸여 있었다.

"어휴, 무서워! 일러라, 일러"

껄렁이들이 손가락으로 아영이 이마를 톡톡 두드리며 놀렸다.

그때 껄렁이 중 한 명이 아영이 손에서 휴대 전화를 낚아챘다.

"그건 내 거야. 돌려줘."

아영이는 기가 죽은 목소리로 말했다. 평소 당당한 장난꾸러기 모습은 온데간데없었다.

"그냥 잠시 빌리는 것뿐이야. 나중에 줄게."

아영이는 휴대 전화를 들고 있는 껄렁이에게 손을 뻗었다. 그러자 그 녀석은 다른 껄렁이에게 휴대 전화를 던졌다.

"돌려줘. 잃어버리면 아빠한테 혼난단 말이야."

아영이는 껄렁이에게 매달렸다. 그 모습을 지켜보던 우람이는 울컥 화가 치밀었지만, 생각했다. 어떻게 하지?

"그거다!"

우람이는 바지 주머니에서 휴대 전화를 서둘러 꺼냈다. 그리고 아침에 아영이가 내려받은 소리를 찾았다.

"에옹~ 에옹~"

핸드폰에서 요란한 사이렌 소리가 나왔다. 우람이는 휴대 전화를 미끄럼틀 터널 속에 두고 아영이에게 뛰어갔다.

"야, 지금 내 동생한테 뭐 하는 거야!"

껄렁이들은 달려오는 우람이를 보더니, 자기네들끼리 눈치를 주고받았다.

"내 동생 폰 돌려줘!"

그러자 껄렁이 중 한 명이 손을 들어 우람이를 후려쳤다. 우람이가 땅바닥에 나뒹굴었다.

"야, 가자!"

껄렁이들이 땅바닥에 침을 뱉으며 놀이터를 빠져나가려 했다.

우람이는 돌아서는 껄렁이의 발을 덥석 잡았다.

"이것 안 놔!"

껄렁이가 악을 썼다.

"야, 그냥 줘버려. 경찰차 온다고!"

껄렁이들이 슬금슬금 도망을 가자, 우람이에게 발목을 잡힌 녀석이 아영이 휴대 전화를 내던졌다. 그리고 냅다 뛰어 달려갔다.

"큰일 날 뻔했잖아."

우람이가 하얗게 질린 하영이를 다독이며 말했다.

"오빠는 도대체 어디에 있었던 거야? 이게 다 오빠 찾다가 생긴 일이잖아."

아영이는 도망가는 껄렁이들을 힐끔거리며 눈물을 닦았다. 그런데 도망가는 꼴이 마치 자신을 보는 것만 같았다.

"어휴, 그래 내 탓이다. 어서 집에 가자."

우람이는 아영이 손에 휴대 전화를 쥐여주며 말했다.

집으로 돌아온 아영이는 구겨진 편지지를 폈쳤다. 그리고 오늘 아침 강아지를 놀렸던 자신의 이야기를 적기 시작했다.

동화 속 사건 읽고 어울리는 말을 채워 보세요.

보기: 떠넘긴다, 강아지, 잘못, 장난

우람이와 아영이는 새로 이사 들어오는 옆집 ♥♥♥를 아파트 복도에서 보게 된다. 아영이는 잠시 매어 둔 옆집 강아지를 휴대전화로 놀라게 하는 ♥♥을 쳐 문제를 일으킨다. 우람이는 이를 항의하려고 온 옆집 아주머니에게 자신이 한 ♥♥이 아니라고 말하지 못하고, 옆집 아주머니와 엄마에게 잘못을 지적받는다. 아영이는 자신의 잘못을 오빠인 우람이에게 ♥♥♥♥.

이야기에서 각 인물은 강아지에 대한 자신의 태도와 가치관을 보여줍니다. 강아지에 대한 인물들의 마음이 나타난 대화글을 찾아 써 봅시다.

강아지를 바라보는 마음이 나타난 대화글	
우람	
아영	
옆집 아주머니	

5. 가족의 힘 - 87

아영이의 감정 변화를 찾아 써 보세요

보기: 반성, 소중함, 행동

아영이는 오빠를 찾는 과정에서 위험에 처하며 자신의 행동에 대해 깊이 ♥♥하게 되었다. 동생을 보호하려는 우람이의 용기 있는 행동을 통해 가족의 ♥♥♥과 서로를 위하는 마음의 중요성을 깨달았다. 이 사건을 계기로 아영이는 자신의 말과 ♥♥을 돌아보게 되었다.

아영이는 자신보다 힘이 센 껄렁이들에게 위협을 받았을 때 어떤 마음이 들었을지 짐작하여 적어봅시다.

자기 마음 표현이 서툰 우람이는 동생의 잘못까지 뒤집어썼어요. 매번 괜찮은 척 자기 마음을 숨기는 우람이에게 위로의 말을 전해주세요.

동화 속 주제와 어울리는 관용 표현을 찾아 ◎ 하세요

형제는 울타리	
먼눈을 팔다.	
한눈을 팔다.	
신경을 곤두세우다.	

동화를 읽고 떠오르는 관용 표현을 써 보세요.

【가족의 힘, 수업지도안】

5. 가족의 힘 - 89

6. 용돈선생

"단체 티셔츠 구입비를 안 냈잖아!"

주머니에서 만 원을 발견하고 한숨이 나왔다. 또 깜박했다.

"귀찮아. 내일 내면 되지 뭐!"

교실로 다시 돌아갈까 망설이다 그냥 발걸음을 옮겼다.

오늘은 학원가는 날이다. 발걸음이 자꾸만 느릿느릿

해졌다. 천천히 걸어서 좋은 건 평소에 안 보이던 것이 하나씩 보인다는 점이다. 그러다 특별히 운 좋게 걸려드는 것이 있을 때도 있다. 바로 오늘처럼.

문구점을 지나다 무언가 번쩍이는 것이 보였다. '피젯스피너'였다. 요즘 최신 유행 장난감이다. 가운데를 손가락으로 잡고 튕겨 돌리기만 하면 된다. 처음엔 다들 쓸데없는 손장난이라고 시큰둥했는데, 자꾸만 손가락을 튕기게 만드는 것이 묘한 재미가 있었다. 결국, 우리 반 아이들 거의 다가 이 장난감을 경쟁하듯이 돌리게 되었다. 나는 자석에 끌리듯이 문구점 안으로 들어갔다.

"이것 얼마에요?"

베트맨 로고가 새겨져 있는 피젯스피너를 가리켰다.

"만 원이다. 근데, 그건 못 팔 것 같은데."

문구점 아저씨는 물건들을 정리하다 말고 힐긋 쳐다보며 대답했다.

"팔렸어요?"

"그건 아니고. 조금 전에 어떤 아이가 배트맨 시리즈를 수집하고 있다면서, 자기가 살 테니 아무한테도 팔지 말라고 하고 갔거든."

"그런 게 어디 있어요? 먼저 사는 사람이 주인이지요."

"왜, 네가 사게?"

"네. 여기 만 원 있어요."

살까 말까 고민하던 망설임이 와르르 무너져 내렸다. 나는 얼른 계산을 마치고 문구점을 쏜살같이 빠져나왔다. 하지만 이내 발걸음이 점점 무거워졌다. 최신 장난감을 산 기쁨은 금세 사라져버렸다. '단체 티셔츠' 구입비를 어떻게 낼지 막막하기만 했다. 이런 걱정이 왜 이제야 드는 건지 모르겠다. 엄마가 알게 되면 엄청 화낼 텐데.

'앞으로 용돈은 꿈도 꾸지 마!'

엄마 목소리가 귓가에서 맴도는 것만 같았다.

'어쩌지?'

피젯스피너를 손가락으로 튕기면서 고심을 했다.

그때, 명절이나 어린이날이면 두둑한 용돈을 주시는 할머니 얼굴이 떠올랐다. 나는 학원 대신 곧바로 할머니 집으로 달려갔다. 궁하면 통한다는 속담이 무슨 뜻인지 이제야 알 것 같았다.

"할머니, 만 원만 빌려주세요."

"우리 현수가 갑자기 무슨 돈타령일까! 네 엄마가 용돈 안 주냐?"

할머니는 다짜고짜 돈을 달라는 나에게 물 한 잔을 내밀었다.

"당연히 주시죠. 그래도 만 원만 빌려주세요."

나는 물을 벌컥벌컥 들이켜며 대답했다.

"좋다. 네 말대로 빌려줄게. 근데 언제 갚을 거냐?"

할머니가 사뭇 진지한 얼굴로 물었다.

"음, 일주일 뒤에 용돈 받아요. 그때 갚을게요."

나는 잠시 머뭇거리다 대답했다. 항상 '귀한 내 손자 현수'라며 뭐든 다 들어주는 할머니였는데, 생각지 못한 할머니 말에 잠깐 당황했다. 하지만 뭐, 일단 만 원을 받았으니 됐다 싶었다.

일주일 후 할머니에게서 전화가 왔다.

「현수야, 오늘이 네가 약속한 '만 원 갚는 날'인 줄 알지?」

「할머니. 사정이 생겨 돈을 다 써 버렸어요. 다음에 할머니 어깨 주무르기 열 번 해 드릴게요.」

「무슨 소릴 하는 거냐? 만 원을 빌렸으면, 만 원으로 갚아야지.」

「지금은 돈이 없어요. 그리고 그깟 만 원가지고 너무 하시는 것 같아요.」

「이 녀석 봐라. 이틀간 시간을 주마. 그 안에 만 원을 갚지 못하면, 네 엄마한테 가서 받아야겠구나.」

「아, 아니에요. 할머니! 제가 꼭 갚을게요. 이번 일은

제발 비밀로 해주세요」

 나는 할머니랑 통화를 끝내고 울고 싶었다. 상상도 못한 일이 벌어졌기 때문이다. 빌려준다는 말은 그냥 한 말인 줄 알았다. 그걸 이렇게 갚으라고 할 줄 몰랐다.

 "야, 너네, 할머니 대단하다. 지금 손자에게 빚 독촉을 하는 거야?"

 옆에 있던 기철이가 눈을 동그랗게 뜨고 말했다.

 "우리 할머니가 이상해졌어. 어린이날 때 용돈으로 오만 원이나 줬어. 근데 고작 만 원 가지고 왜 이렇게 화를 내시는 건지 모르겠어."

 나는 풀이 죽어 중얼거렸다.

 "할 수 없잖아. 만 원 갚아 드려!"

 "바보야! 어제 용돈 받아서, 너랑 PC방 가서 다 썼잖아!"

 나는 버럭 소리를 질렀다.

 "아, 그 돈이…"

기철이는 말꼬리를 스르륵 감추었다. 그리곤 학원 가야 한다며 서둘러 가버렸다. 꽁무니 빼고 도망치는 기철이가 괘씸했지만 일단 집에 가서 방법을 찾아봐야겠다는 생각이 들었다.

조용히 현관문을 열고 엄마 눈치를 보며 들어왔다. 엄마는 부엌에서 설거지하고 있었다.

"엄마, 이제부터 집안일 알바 할게요. 제가 일하면 얼마 줄 수 있어요?"

나는 조심스럽게 물었다.

"갑자기 무슨 알바? 너, 용돈 벌써 다 쓴 거야?"

엄마가 놀란 얼굴로 뒤돌아봤다. 하여간 엄마는 눈치 백 단이다.

"네. 다음엔 아껴서 쓸게요. 대신 알바 좀 시켜 주세요."

나는 애교섞인 말투로 부탁했다.

"글쎄, 너에게 시킬 일이 없는데."

엄마는 그 말을 하고 안방으로 들어가 버렸다. 하지만 나는 간신히 엄마를 설득해서 집안일 거리를 따냈다.

칫, 청소기 돌리고 물걸레질까지 하는데 천오백 원 그리고 집안 창틀 모두 닦는데도 천오백 원이라니. 이건 말도 안 되는 거래다. 하지만 내일 저녁까지 만 원을 만들려면 방법이 없었다.

나는 땀을 뻘뻘 흘리며 집안일 아르바이트를 했다. 평소라면 청소하는 시늉만 했을 텐데, 이번엔 엄마가 옆에서 꼼꼼히 하라며 으름장을 놓았다.

'아, 도대체 이게 무슨 고생이람.'

나는 할머니가 야속하기만 했다.

"수고했다. 너랑 약속한 돈이다."

청소가 끝나자, 엄마가 삼천 원 지폐를 하얀 종이봉투에 넣어주었다. 고생은 했지만, 그래도 열심히 일해서 번 돈이라 평소에 받던 돈과는 느낌이 달랐다.

다음날 기철이를 불러냈다.

"뭐? 베트맨 피젯스피너를 판다구?"

기철이가 입을 크게 벌리고 두 손으로 귀를 막았다. 미술 시간에 서양화가 뭉크의 '절규'라는 그림을 보고 난 후, 놀랄 일만 생기면 기철이가 하는 행동이다.

"내가 너랑 PC방에서 게임만 안 했어도 이런 일은 없었어. 그러니 잔말 말고 날 도와!"

나는 혼자서 벼룩시장에 가서 물건을 팔기 두려운 마음을 기철이에게 괜히 화풀이하듯 허세를 부렸다.

"알았어. 그런데 팔려니 아깝다.그치?"

기철이는 장난을 멈추고 순순히 돕겠다고 했다.

우리는 토요일마다 공원에서 열리는 벼룩시장으로 달려갔다. 하지만 두 시간이 지나도록 베트맨 피젯스피너에 관심 가지는 사람이 없었다. 기철이는 연신 하품을 해대더니, 꾸벅꾸벅 졸기 시작했다.

"이거 얼마야?"

중학생으로 보이는 형이 다가와 물었다.

"칠천 원이에요. 일주일 전에, 만 원 주고 산 '신형'이에요."

나는 '신형'이라는 말에 힘을 주었다.

"너무 비싸. 사천 원 정도면 충분하겠는데."

졸다 깬 기철이가 또 입을 크게 벌리고 두 손으로 귀를 막았다.

"아, 그건 안 돼요. 이건 몇 번 돌리지도 않았어요."

나는 팔짱을 끼고 얼굴을 찌푸렸다. 하지만 맘속으로는 고민이 되었다. 곧 오전 벼룩시장이 끝날 시간인데, 언제 손님이 다시 나타날까 싶어서 애가 탔다.

"야, 원래 새 물건은 사는 순간 반값이야. 오천 원에 거래 끝내지!"

결국, 나는 중학생 형에게 '베트맨' 피젯스피너를 반값에 팔았다.

"와, 날강도다!"

기철이가 저만치 멀어져 가는 중학생 형을 보며 말했

다.

나는 주머니에서 돈을 꺼내 보며 한숨을 쉬었다. 공원에서 열린 벼룩시장은 이제 팔다 남은 물건들 정리하느라 분주해졌다.

"아직도 부족하지?"

"응. 어떻게 이천 원을 더 벌까?"

나는 어깻죽지를 축 늘어뜨린 채 고개를 숙였다.

"아, 생각났어!"

내가 갑자기 자리에서 일어나 달리자, 기철이도 당황한 채 뒤따랐다. 그리고 몇 분 뒤에 내 손에는 강아지 목줄이 쥐어져 있었다.

"너네 할머니 진짜 너무하신다. 너보다 돈도 많으면서, 손자한테 빌려 준 돈을 이렇게 악착같이 받아야 하냐!"

기철이가 볼멘소리를 했다.

"내 말이! 산책만 시키면 될 줄 알았는데, 목욕까지 시켜야 한다니.”

나는 공원 나무 둥지에 짱이 목줄을 묶었다. 그리곤 벤치에 털썩 앉자 눈이 저절로 감겼다. 아침부터 몰려온 긴장이 한순간에 풀리는 것 같았다.

"왈왈"

짱이가 목줄을 당기며 낑낑거렸다.

"짱이가 달리고 싶은 모양이야. 저렇게 묶어둬도 돼?"

기철이가 짱이를 쓰다듬으며 물었다.

"몰라! 너무 피곤해! 잠깐만 이렇게 눈 좀 감고 있을 거야!"

"알았어. 그럼 내가 아이스크림 하나 사 올게!"

기철이 말이 귓가에서 웽웽거리며 멀어졌다. 고맙다고 대답하고 싶은데 말이 입 밖으로 나오지 않았다.

얼마나 지났을까. 갑자기 흥분한 기철이 목소리가 들렸다. 그리고 곧 짱이가 없어졌다는 걸 알았다.

"짱아!"

목이 터지게 짱이를 불렀다.

할머니의 애견이 목줄을 맨 채 사라졌다. 짱이가 있을 만한 장소를 다 돌았는데도 없다. 도대체 어디로 간 걸까?

"찾았어?"

공원 반대쪽을 돌던 기철이가 달려와 물었다.

내가 고개를 젓자, 기철이 두 손이 귀로 가려다 말고 내려왔다. 장난칠 때가 아니라고 생각한 듯 했다. 난 이제 할머니 손에 죽었다. 아니, 엄마도 날 가만두지 않을 거다. 순간 눈물이 맺혔다.

기철이도 걱정이 되는지 가만히 내 옆에 앉았다.

"넌 이제 집에 가."

나는 힘없이 말했다. 그리곤 할머니 집으로 걷기 시작했다. 하지만 기철이는 끝까지 함께 하겠다며 나를 따라왔다. 할머니 집이 가까워지자 가슴이 조여오는 것 같았다.

"저 강아지, 짱이 아니야?"

기철이가 현관 출입구를 가리켰다.

"짱~아~"

나는 한달음에 달려가서 짱이를 안았다. 짱이는 온몸이 흙투성이였다. 내 옷도 짱이의 털만큼이나 지저분해졌다. 하지만 짱이가 지금처럼 반갑기는 처음이었다.

"돈 벌기 정말 힘들다. 그치?"

기철이가 할머니 목소리를 흉내 내며 속삭였다.

평소 같으면 한 대 쥐어박았을 텐데, 그냥 나도 따라 웃고 말았다. 우리는 흙투성이 짱이를 목욕시킨 뒤에도 할머니에게 긴 설교를 들었다. '신용'이라는 어려운 말과 만 원의 가치에 대해서.

"자, 받아라. 오늘 아르바이트비다"

할머니가 흰 봉투를 내밀었다. 결국 난 할머니에게 갚기로 약속한 만 원을 갚았다. 다시 말해 할머니에게 신용을 지킨 셈이다.

집으로 돌아가는 길에 벌써 땅거미가 슬슬 내려앉기 시작했다.

"잘 가, 오늘 고마웠어!"

나는 좀 머쓱했지만, 용기를 내어 말했다. 그러자 기철이는 입을 크게 벌리고 두 손으로 귀를 막았다.

나는 기철이를 보고 웃었다. 우리는 한참 동안 그렇게 웃다가 헤어졌다.

동화 속 사건 읽고 어울리는 말을 채워 보세요.

보기: 할머니, 만 원, 구매

나는 단체 티셔츠값을 내지 않고, 그 돈을 문구점의 최신 유행하는 피젯스피너 ♥♥에 사용했다. 티셔츠값을 어떻게 해결할지 고민하다가, 명절이나 어린이날에 용돈 주시는 ♥♥♥를 떠올렸다. 할머니에게 ♥ ♥을 빌려 단체 티셔츠값을 해결할 방법을 찾았다.

이야기 속의 '나'가 돈을 소비하는 모습을 보고, 어떤 소비를 하였는지를 찾아보세요.

충동적 소비	순간적인 감정이나 충동으로 이루어지는 지출
필수적 소비	생활을 유지하기 위해 꼭 필요한 지출(음식, 주거, 교통비 등)
투자적 소비	돈을 쓸 때, 그 돈이 나중에 우리에게 더 좋은 것들을 가져다 줄 수 있도록 하는 지출(학원비,자기 계발비)
선택적 소비	꼭 필요하지 않지만, 더 행복하고 즐겁게 살기 위해 돈을 쓰는 지출(여가활동, 취미생활 등)

주인공 나의 감정 변화를 찾아 써 보세요

보기: 안도, 두려움, 불안, 고마운

주인공 나는 벼룩시장에서 배트맨 피젯스피너를 반값에 팔아야 하는 상황에서 ♥♥과 초조함을 느낀다. 짱이가 없어졌을 때는 절망과 ♥♥♥으로 가득 차 있었다. 하지만 짱이를 무사히 찾고 난 후에는 ♥♥와 기쁨을 느꼈다. 마지막에는 기철이의 도움에 감사하며 따뜻하고 ♥♥♥ 감정을 느꼈다.

기철이의 성격이 아닌 것에 ◎ 표시해보세요.

	감정 표현이 풍부한 성격: 기철이는 놀랄 때마다 입을 크게 벌리고 두 손으로 귀를 막는 독특한 행동을 한다.
	남의 고통을 즐기는 성격: 친구가 걱정할 때 은근히 즐거워한다.
	공감 능력이 있는 성격: 친구가 걱정하고 힘들어할 때, 기철이는 장난을 멈추고 진지하게 친구의 상황을 이해하며 함께 걱정한다.
	재미있고 유머 감각이 있는 성격: 상황이 힘들고 피곤한 와중에도 친구를 웃기기 위해 할머니 목소리를 흉내 내며 농담을 한다.

동화 속 주제와 어울리는 관용 표현을 찾아 ◎ 하세요

할머니가 주인공에게 돈을 주면서 [**자, 받아라. 오늘 아르바이트비다.**] 라고 말하는 부분이 있다. 이 장면은 주인공이 시장에서 물건을 팔고, 강아지를 돌보는 등 하루 종일 열심히 일한 끝에 받는 보상을 보여준다. 이 순간에 어울리는 관용 표현을 찾아 보세요.

땀 흘려 얻은 빵이 가장 달다.	
빵 터지다.	
땀을 뻘뻘 흘리다.	
입에 달다.	

동화를 읽고 떠오르는 관용 표현을 써 보세요.

【용돈 선생, 수업지도안】

1. 가위바위보

김현정 작사 류지원 작곡

가위바위보 두 손을 흔들어

하나 빼기

엄마는 가위 나는 주먹

내가 이겼다. 내가 이겼어.

소원을 말해보렴.

꾸중하는 말 빼고

힘내라는 말 더해주세요.

이기라는 말 빼고

즐기라는 말 더해주세요.

그거면 되겠니 뭔가 부족해 보여.

충분해요. 나를 믿어주는 엄마표 응원만 있다면

힘이 나지요. 든든한 엄마표 있으니까요.

가위바위보 두 손을 흔들어

하나 빼기 (룰루랄라)(룰루랄라)

가위바위보

> [가위바위보] 노랫말에서는 '가위바위보' 놀이를 소재로 가족 간의 사랑과 지지, 그리고 긍정적인 응원의 중요성을 표현하고 있다.

아이가 엄마에게 더해달라고 한 것을 찾아 써 보세요.

아이가 엄마에게 **빼달라고** 한 것을 찾아 써 보세요.

여러분은 무엇을 빼고 더하고 싶은지 적어보세요.

관용 표현의 뜻을 찾아 표시하세요

①웃음꽃 피우다. ②마음을 나누다. ③힘을 얻다.

서로의 감정이나 생각을 공유하는 것을 의미한다.	
누군가의 격려로 인해 힘이 생기는 것을 표현한다.	
기쁘고 행복할 때 함께 웃는 모습을 묘사한다.	

[가위바위보]를 나만의 노랫말로 바꿔보세요.

【가위바위보, 수업지도안】

2. 풀피리 소리

김현정 작사 오희섭 작곡

나뭇잎을 따다가

입에 물면은

풀피리 소리

휠릴리릴리

사랑하는 부모님

그리운 마음

휠릴리릴리

보고픈 마음 전해줘.

바람아 불어라.

구름아 퍼져라.

날개옷 입고 날아라.

하늘을 날아서

내가 살던 곳

휠릴리, 풀피리소리

풀피리 소리

[풀피리 소리] 노랫말에서는 나뭇잎을 이용해 만든 풀피리의 소리를 통해 부모님을 향한 자신의 그리움과 사랑을 표현한 노래이다.

노랫말을 읽고 떠올릴 수 있는 전래동화를 찾아보세요

①전우치 ②선녀와 나무꾼 ③장화홍련전

[휠릴리릴리]라는 표현이 반복되고 있습니다. 작사가의 의도가 아닌 것을 찾아 ◎ 표시해 보세요.	
반복을 통해 그리움과 사랑이 강렬하게 전달되어 청자의 공감을 불러일으킨다.	
생각나는 말이 없었다.	
노랫말에 리듬감과 음악성을 부여한다.	

관용 표현의 뜻을 찾아 표시하세요

①눈물을 머금다. ②마음이 가다. ③가슴이 시키다.

마음속 깊은 곳에서 무언가를 하고 싶은 강한 느낌이 들 때 사용한다.	
어떤 것에 대한 애정이나 관심이 강하게 끌림을 표현할 때 사용한다.	
슬프거나 감동적인 감정을 참으며 견디는 상황을 묘사할 때 사용한다.	

[풀피리 소리]를 나만의 노랫말로 바꿔보세요.

【풀피리 소리, 수업지도안】

3. 상상여행

김현정 작사 이기경 작곡

푸른 별이 빛나는 밤에

상상 여행을 떠나자.

오늘 밤은 우주선 타고

지구 저편 우주별에 가볼까?

뚜뚜 뚜뚜 여기는 지구인

우주인 나와라. 오버

생김새가 다르고 사는 곳이 달라도

우리는 별나라 친구

여기는 대한민국

생각만 해도 신나는 세상

태극기 힘껏 휘날리며

벅찬 가슴 안고 날아갈게.(야호)

상상여행

[상상여행]에서는 푸른 별이 빛나는 밤을 떠올리며 상상 여행을 하자고 제안하면서, 모험과 우정을 노래하고 있다.

노랫말에서 **[생김새가 다르고 사는 곳이 달라도 우리는 별나라 친구]** 라는 부분이 있다. 이 문구가 비유하고 있는 것으로 적당하지 않은 것을 찾아 ◎ 표시해 보세요.

친구를 사귈 때 외모나 배경보다 더 중요한 것이 있다.	
다양한 배경과 경험을 가진 사람들과 친구가 되면 새로운 관점을 배울 수 있다.	
비슷한 생김새, 비슷한 생각을 하는 친구가 편하다.	
건강한 우정을 만들기 위해서는 서로 다름을 인정하고 존중해야 한다.	

관용 표현의 뜻을 찾아 표시하세요

①세계를 누비다. ②하늘을 날다. ③꿈을 펼치다.

큰 꿈이나 희망을 실현하려는 행동을 시작할 때 사용한다.	
세계 여러 곳을 자유롭게 돌아다니며 경험하는 것을 의미한다.	
아주 기쁘고 행복해서 마음이 날아갈 것 같은 기분을 표현할 때 쓴다.	

[상상여행]을 나만의 노랫말로 바꿔보세요.

【상상여행, 수업지도안】

4. 숨바꼭질하는 밤

김현정 작사 박수남 작곡

깊은 밤 별들이

총총히 불을 밝히면

달님이 숨바꼭질하자며 보채요.

개골개골 개구리는

연못에 숨고요.

둥근 눈 부엉이는

나뭇가지에 숨지요.

어디 어디 숨었을까

달님이 울상 짓자

반짝반짝 반딧불이

나 여기 있지 해요.

숨바꼭질하는 밤

[숨바꼭질하는 밤]은 자연의 아름다움과 밤에 활동하는 생물들의 생태를 아이들의 눈높이에 맞춰 재미있고 상상력이 풍부한 방식으로 전달하고 있다.

노랫말에서는 밤에 활동하는 다양한 생물들을 소재로 사용하고 있습니다. 표현되지 않은 소재를 찾아보세요.

개구리, 독수리, 부엉이, 반딧불이

[빛공해]라는 말을 들어 보았나요? 달빛에 의존해서 사는 동식물이 인공불빛을 만났을 때 우리에게 하고 싶은 말을 짐작하여 써 보세요.

관용 표현의 뜻을 찾아 표시하세요

①밤이 깊다. ②숨을 곳을 찾다. ③달빛에 비치다.

달빛이 비치는 것을 의미하며, 신비롭고 아름다운 이미지를 더욱 돋보이게 한다.	
밤이 매우 늦어진 상황을 나타내며, 고요하고 신비로운 분위기를 강조할 때 사용한다.	
누군가 또는 무언가가 숨을 장소를 찾는 행위를 나타낸다.	

[숨바꼭질하는 밤]을 나만의 노랫말로 바꿔보세요.

【숨바꼭질하는 밤, 수업지도안】

5. 지구촌 한 가족

김현정 작사 장윤선 작곡

몰래 버린 공장

연기 검게 물든 하늘 촌

참새 가족 딱새 가족

모두 모두 콜록콜록

푸른 하늘 쌩쌩 날고픈 하늘 친구 위해

깨끗한 공기

기운찬 희망 나누어요.

우리 모두 사이좋은 지구촌 한 가족

우리 모두 사이좋은 지구촌 한 가족

지구촌 한가족

[지구촌 한 가족] 노랫말에서는 환경 보호의 중요성을 강조하며, 사람들이 지구라는 공동의 집을 위해 함께 노력해야 한다는 메시지를 전달하고 있다.

다음은 노랫말에 쓰인 소재를 문장으로 정리하였습니다. 보기에서 어울리는 소재를 찾아보세요

①생태계의 영향 ②환경 오염 ③희망과 협력 ④지구촌 공동체

공장에서 몰래 배출하는 연기가 하늘을 검게 물들이는 장면	
사람들이 만든 환경오염물질이 참새와 딱새 가족을 아프게 하는 모습	
함께 노력하여 깨끗한 공기와 희망찬 미래를 나누자는 마음	
지구라는 큰 마을에 사는 큰 가족	

관용 표현의 뜻을 찾아 표시하세요

①푸른 하늘을 그리다. ②숨이 막힌다. ③지구를 아끼다.

지구 환경을 소중히 여기고 보호하려는 행동을 묘사할 때 사용한다.	
환경 오염으로 인해 숨쉬기 어려운 상황을 묘사할 때 사용한다.	
맑고 깨끗한 환경을 간절히 바라는 마음을 표현할 때 사용한다.	

[지구촌 한가족]을 나만의 노랫말로 바꿔보세요.

【지구촌 한가족, 수업지도안】

『문해력의 격차가 실력이 되는 시대』

"문해력의 격차가 실력이 되는 시대"라는 말은 읽고 쓰는 능력이 오늘날에는 굉장히 중요하다는 뜻입니다.

읽고 쓰는 능력이 중요한 이유는, 학교에서 배우는 많은 것들이 이 능력을 기반으로 하기 때문이에요. 가령, 수업에서 선생님이 설명한 내용을 잘 이해하려면 그 내용을 읽고, 이해할 수 있어야 해요. 또한 숙제나 시험에서 문제를 풀 때도 문제의 지시사항을 정확히 읽고 이해하는 것이 중요하지요.

글쓰기도 마찬가지예요. 우리가 배운 내용을 글로 잘 표현할 수 있어야 선생님께 우리의 생각이나 이해도를 제대로 보여줄 수 있어요. 예를 들어, 책을 읽고 그 내용에 대해 요약하거나, 자신의 의견을 쓰는 과제에서 글쓰기 능력이 중요하지요.

이처럼 읽고 쓰는 능력은 학교에서 배우는 모든 과목에 필요하며, 이 능력이 좋으면 공부도 더 잘할 수 있고, 친구들과 의사소통도 더 잘할 수 있어요.

어릴 때부터 다양한 이야기를 읽고 쓰는 언어적 경험을 매일 조금씩 쌓아보세요. 그리고 아름다운 언어로 표현된 동요를 듣고 직접 만들어보세요. 더 넓고 재미난 세상이 여러분을 기다리고 있으니까요.

『초등 문해력을 부탁해』 구성과 활용법

내용 요약 능력	각 동화의 중심 사건을 파악하고 요약할 수 있는 능력을 기를 수 있습니다.
독해력	제시된 질문들을 통해 깊이 있는 이해와 해석 능력을 키울 수 있습니다.
쓰기 능력	동화를 바탕으로 자기 생각을 글로 표현하는 연습을 할 수 있습니다.
관용 표현 익힘	관용 표현을 익힘으로써 언어의 다양성을 이해하고 표현력을 키울 수 있습니다.
수업지도안	수업지도안을 통해 나와 다른 사람의 생각을 비교해 볼 수 있습니다.

초등 문해력을 부탁해

초판 1쇄 인쇄 2024년 7월 3일
초판 1쇄 발행 2024년 7월 15일

글 김현정 **그림** 안주연

발행인 안주연
편집 및 디자인 안주연
펴낸 곳 북스파머 **출판등록** 2022년 2월 28일 제 333-2022-000010호
주소 부산광역시 해운대구 해운대로 428 102동 602호(우동, 동부올림픽타운)
전자우편 benefian21@gmail.com
ISBN 979-11-980830-0-5
이 책의 전부 또는 일부 내용을 재사용하려면 반드시 사전에 저작권자와 출판사의 동의를 받아야 합니다.
인쇄 제작 및 유통상의 파본 도서는 구매하신 서점에서 바꿔 드립니다.
이 책의 사용 연령은 8세 이상
책값은 뒤표지에 있습니다.
이 책에서 사용한 이미지는 ChatGPT에서 추출하였습니다

어린이제품 안전특별법에 의한 제품 표시사항
제조자명:성광인쇄 제조국명: 대한민국
제조년월: 2024년6월28일 사용연령:8세이상

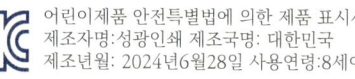

본 사업은 2024년 부산광역시, 부산문화재단 〈부산문화예술지원사업〉으로 지원을 받았습니다.